処世の別解

比較を拒み「自己新」を目指せ

Who are you ?

Look at yourself !

Let's think out another way
by YOSHIDA Takeshi

Tokai University Press
Printed in Japan
ISBN 978-4-486-02163-6

はじめに

世に出て生きていくこと、その身の処し方を「処世《しょせい》」といい、そしてそれを一つの「技術」として見る時、「処世術」なる言葉が用いられる。よって、処世の技術を習得《しゅうとく》することは、広く社会と関わって生きざるを得ない我々にとって、当然の「嗜《たしな》み」のようなものであり、本来そこに善悪《ぜんあく》、好《こう》悪《お》の評価は伴《ともな》わないはずである。ところが一般に、この言葉は上の者に対する「ゴマすり」や「媚《こ》び」「追従《ついしょう》」に代表される「世渡《よわた》りのコツ」の如《ごと》く単純に捉《とら》えられる場合が多いため、好ましい響《ひび》きを持つものとは思われていない。本書では、こうした「世評《せひょう》」を離れ、処世という言葉の元々《もともと》の意味に戻って、上手《うま》く世間《せけん》と折り合いを附《つ》けながら、誰かを抑《おさ》えることも、誰かに抑えられることもない生き方、そのための技術、あるいは一つの「心構《こころがま》え」としてこれを捉えていく。

仮に「処世」に定まった解があり、それ以外は許されないと考えることで、人生の見方が狭くなっている人がいるならば、その見方を変えたい、別の解もあることを示していきたいと考えた。

世に交《まじ》わり、他者と折り合って生きていく方法は、古来《こらい》から警句《けいく》や人生訓《じんせいくん》として残されてきたが、それは決して「剛直《ごうちょく》な一本の道」のようなものではなく、「怠惰《たいだ》」や「不戦敗《ふせんぱい》」をも許容《きょよう》する「柔軟《じゅうなん》な複数の道」であることを示したい。著者自身が長くこれを模索《もさく》してきた『処世の別解《べっかい》』を提示《ていじ》することで、少しでも気持ちに余裕《よゆう》を持って貰《もら》える人がいるのではないか、そう考えた次第《しだい》である。

本書は、私淑《ししゅく》してきた碩学《せきがく》の言葉や、身近な先輩、後輩達との私的な議論を元に加筆《かひつ》してまとめたものなので議論の幅は狭く、偏《かたよ》っているだろうと思われる。また、主に「悩める青年」を念頭《ねんとう》に著《あらわ》したが、ルビの積極利用（初出のみ）など、読み易《やす》さにも配慮しているので、年齢や経歴とは無関係に読了《どくりょう》して頂《いただ》けるだろう——漢字の学習は、当然学校教育で完結《かんけつ》するものではなく、「読書を通して生涯《しょうがい》に渡《わた》る」ものであり、「同時通訳」の機能《きのう》を持つルビは、これを支える最強のツールとなる。

二十歳《はたち》になれば成人、就職すれば社会人と呼ばれて、大人の仲間入りを果たすわけであるが、社会そのものを意識《いしき》するのは遙《はる》かに早く、恐らくは小学校三年生ぐらいからだと思われる。それは、およそ十歳前後から、親も周囲も、子供を叱《しか》る時に、「世の中の平均的な言動」を基準《きじゅん》とし、また、それをあからさまに附け加えるからであろう。「もう三年生になったのだから」とか、「もうすぐ中学生になるんだから」とか言って、その年齢に相応《ふさわ》しい態度、それらしい振舞《ふるま》いを要求してくる。

一旦《いったん》これが始まると、それ以降、中学生になっても高校生になっても、受験生でも浪人生でも、そうした要求が取り下げられることは二度とない。その要求をする主体は、所謂《いわゆる》「世の中」、社会全体である。それは警句、至言《しげん》として教えられ、人生訓として語られて、世の常識としての「期待される人物像」がそこに提示されていく。「～らしくある」ことを否定はしない、ただその基準が問題なのだ。この嵐《あらし》のような攻撃に対抗することは、本当に難しい。繊細《せんさい》な人は、これにより押し潰《つぶ》されるような思いをする。本書では、これを「社会的圧力」、あるいは単に「圧力」と呼ぶ。

人には誰にでも、「好きなもの」があり、「志《こころざし》」を持って「高い目標」に挑み、その一方で「挫折《ざせつ》を経験」し、「劣等感《れっとうかん》に悩む」ものだ、と勝手に規定《きてい》されている。そして、それらが無いというだけで、自己分析《じこぶんせき》をしない劣った人物のように扱われ、冷ややかな目で見られるようになっている。「生《い》き難《にく》さ」などという言葉が、普通に使われるようになってきた現状を考えれば、社会的圧力は益々《ますます》その力を強めているといえるだろう。そこで、第一部ではこの「圧力」の元となる言葉を具体的《ぐたいてき》に採《と》り上げ、それぞれに疑問符《ぎもんふ》を附けていく。疑うこと、それが本書の基本的な立場である。

ところが、これだけでは終らない。「圧力」以上に厄介《やっかい》なものがある。

圧力なら全身で感じ取れる。「あれだ、これだ」と指摘《してき》することも出来る。それは渦巻《うずま》く嵐のようなもの、謂《い》わば「動的なもの」であり、誰もが容易に確認することが出来る「確かな存在」である。より対応が難しいのは、具体的に指摘することが困難《こんなん》なもの、泥沼《どろぬま》のように周りを取り囲んで離れない「静的なもの」である。これは通常「暗黙《あんもく》の合意《ごうい》」と呼ばれている。それは正体の見えない「幻想《げんそう》」のようなものである。第二部では、この幻想に終止符《しゅうしふ》を打つべく、その内容を調べていく。

勿論、「圧力」と「幻想」、これらは截然《せつぜん》と区別することが出来る性質のものではない。何《いず》れも「心理的負担《ふたん》の根本的な原因になる」という意味での共通の特徴を持ったものであり、互いに重なる部分も多く、また関連もしているので、およその区分としてお考え頂きたい。

しかし、「疑問符」と「終止符」に象徴《しょうちょう》される議論だけでは、世間《せけん》に反撥《はんぱつ》する単なる天邪鬼《あまのじゃく》のように誤解《ごかい》されるかもしれない。実際、世の動きと事の本質とは、全く正反対のことも多くあり、それを指摘すればするほど、そうした印象を与えてしまうことも一面の事実ではあるが、全体をお読み頂けば分かるように、本書では、他の方法、他の生き方を全く否定していない。例えば、成績優秀で向上心《こうじょうしん》に溢《あふ》れ、常に高い目標を立てて、次々にそれをクリアしていく人を揶揄《やゆ》するようなことはない。それぞれが得意な方法で、自《みずか》らの進路を拓《ひら》いていけばいい、それは当然のことであろう。

他の方法を否定するのではなく、選択肢《せんたくし》を増やしたいのである。それが自分に適さないからといって、他者を揶揄し冷笑的《れいしょうてき》になることを勧めているのでは決してない。それは本書の趣旨《しゅし》に最も反することである。「静かに他者との競争から降《お》りる」という選択肢を掲《かか》げ、難局《なんきょく》をすり抜ける方法を論じて、「圧力」に屈し「幻想」に弄《もてあそ》ばれている人達に、一つの方法、別解を提案したいだけである。

著者は、過去の著作において、「勇猛果敢《ゆうもうかかん》に学問に挑戦せよ」と精一杯《せいいっぱい》に若者を鼓舞《こぶ》してきた。一方、本書では「競争から降りる」「比較《ひかく》を拒《こば》む」、そうした選択肢もあることを、様々な具体例を挙げながら詳細《しょうさい》に論じている。果たしてこれら二つの著作の方向性は、相矛盾《あいむじゅん》するものなのだろうか。

実は、両者は共に同じことを論じているのである。前書が表からのアプローチだとすれば、本書は裏からということになろうが、どちらも同じ、人知れず埋《う》もれている才能に、勇気を持って立ち上がって貰いたくて書いたものである。「社会の基準」とやらに馴染《なじ》めず、独《ひと》り悩んでいる人達、そうした集団の中にこそ異能者《いのうしゃ》、世間で言うところの「変わり種」が隠れている。周囲の人達から、「能力も無く、するべき努力もせず、競争心に欠けた全くやる気の無い人物」と評価されている人達の中に意外な才能、残念ながら本人にも未だ見出されていない才能が眠っているのである。

日本社会は、国民の平均値の高さで保《たも》たれている。一人の英雄に頼らず、強いリーダーを求めず、国民全体の力を結集することで、他国には真似の出来ない独自の文化を創《つく》ってきた。これは先人《せんじん》に感謝すべき、大層《たいそう》幸せなことである。しかし、その平均値が高まれば高まるほど、それを基準とする「圧力」は強さを増し、「幻想」はより複雑怪奇《ふくざつかいき》になってくる。それに耐えられない人、それを嫌う人達は、自らの持てる才能に気が附かないままに埋没《まいぼつ》していく、そんな傾向《けいこう》が随分《ずいぶん》と目立ってきた。

国民の平均値が高まるにつれ、そこから導き出されるアイデアにも多様性が無くなってくる。国家の将来を決めるような大問題に対して、その解決策として提案されるアイデアは、バラエティに富んだものでなければならない。如何《いか》にその値《あたい》が高くとも、平均的な人々から出される平均的なアイデアだけでは、選択肢が限られてしまい、「意外な解答」を見出す可能性が著《いちじる》しく減ってしまう。そこで異能者が必要なのである。『郷《ごう》に入っては郷に従う』その前に、一呼吸おいて通念《つうねん》を疑うことが出来る、それが異能者の才である。世の決め事に翻弄《ほんろう》される前に、彼等の中に眠ったままで放置《ほうち》されている能力を引き出して隊列《たいれつ》に加えることが、国の将来を健全《けんぜん》なものにしていくのである。

著者は、数学・物理学に関連する専門書・啓蒙書《けいもうしょ》を執筆《しっぴつ》する際に、常に「読者の選択肢を拡《ひろ》げる」ことを意識してきた。既《すで》に専門書の分野は成熟《せいじゅく》し、即《すなわ》ち「高い平均値」を誇っている。敢《あ》えてそこに斬り込み、読者に通常とは異なる手法もあることを知って貰うためには、独特の構成を持った本を書く必要があった。本書では、これらを補完《ほかん》すると共に、特異な才能を発掘《はっくつ》することの重要性を強く訴《うった》えている。**異能者は「独学を好む者の中から現れることが多い」のである。**これほど自明なことは無いと思うのであるが、残念ながら世の中ではそう捉えられてはいないようである。

方程式とは、解《かい》を束《たば》ねたものである。故に、それを解《ほぐ》せば解が出る。方程式と解は、常に対《つい》を為《な》している。警句を人生の指針を示す「方程式」に譬《たと》えるなら、「解」は実践《じっせん》の手引きたる個々《ここ》の例となろう。従《したが》って、それを解さねば具体的な知恵は出て来ない。さらに、解に自らの立場を表す条件を入れ、私的なものに変えておく必要がある。また、別種の解が存在する可能性もある。それを探すことにより、方程式の全貌《ぜんぼう》も見えてくる。警句の真の意味が分かる。それが本書の狙いである。

心の中で「もう比較は御免《ごめん》だ」「無駄《むだ》な競争から降りよう」と思うだけで、将来の選択肢が拡がる。沢山《たくさん》の夢を持つことが自分の可能性の認識なら、それから降りることも同じく一つの可能性である。「ねばならない」「何々であるべきだ」といった硬《かた》い発想に疑問符を附けるのである。

「そんな簡単なものじゃない」「分かってはいても、そうは割り切れない」と考える方もいるだろう。しかし、「割り切れない」なら、そこに「余《あま》り」があるはずだ。時にその「余りの大きさを調べてみる」ことも無駄ではあるまい。意外にも、それはゼロかもしれない。「割り切れない」と感じていた心に反して、体が「余りはゼロ」、即ち、割り切れたと判断して、勝手に動いていく場合も多いのではないか。それこそが、本当の意味での「心身のバランス」というものではないだろうか。

「ホンの少し視野が拡がった」と感じて頂ければ幸いである。たとえ「何度も何度も繰り返し考え抜いた末の結論」であっても、読了後に今一度、肩の力を抜いて考え直して頂ければ有《あ》り難《がた》い。

何においても、他者《たしゃ》と比較せずにはおられない世の中と離れて、「自己記録」の更新《こうしん》に邁進《まいしん》するだけで、結果的に他を圧倒《あっとう》するような能力を手に入れる、そんな方法もあるのだ。比較を拒むとは、争《あらそ》いから静かに離れ「距離を取ること」である。距離さえ取れれば、そこに見えるのは自分一人になる。自分が見えれば、自然に争う必要もなくなってくる。たとえ好きなものは無くても、嫌いなものさえ明確ならば、「人生の羅針盤《らしんばん》」は動き出す。その時、初《はじ》めて内《うち》なる声が聞こえてくるだろう。目指すものは「比較一位」ではない。競技者一名の「絶対一位」であり、「自己新」である。自らの過去を乗り越え、「最新の私が、最高の私である」と胸を張って言えるなら、他に望むものはない。それは「世捨《よす》て人《びと》」でも「引《ひ》き籠《こ》もり」でもない、一つの堂々《どうどう》たる人生であることを示していこう。

目次

第１部　警句に疑問符を！

「はじめに」でも述べたように、本書では何も否定しない。ただ疑問符を附けていくだけである。**当たり前のような顔をして、「〜と言われても」こちらも困る。**自信満々で、それ以外には答は無いように言われても、同意出来る部分もあれば、出来ない部分もある。その出来ない部分、納得《なっとく》のいかない部分に疑問符を附け、「別の答を探してみよう」というささやかな試みである。「納得」とは論理ではない、感情である。その感情の整理のためには、先ずは疑問を持つことが大切なのである。

勿論、**現状で上手くいっている人は、そのままでいい。**無理に変えることは何も無い。人も社会も、この世の全ては連続的なものであり、部分変更は不可である。特定の部分だけ切り貼りして、それに見合う成果が得られるものではない。人生に「良いとこ取り」は不可能である。それはモンタージュ写真が、決して美男美女を生み出さないことに似ている。誰もが理解しているように、この世界は、動画を逆回しにするように、元の状態へと戻すことは出来ない。時は二度とは戻らない、覚悟《かくご》が必要な所以《ゆえん》である。故に上手くいっている現実は、何より大切にしなければならない。一度壊せばもう元には戻せない、「薄氷《はくひょう》の上に立っているのだ」と認識すべきなのである。

精神的な苦痛の根源《こんげん》は、常に他者と比較され、そこに上下、優劣の線を引かれて、壁を作られることであろう。しかも、その基準たるや、誰が決めたのかも分からない代物《しろもの》なのである。

下にされれば悔《くや》しい。上にされても空《むな》しい。どちらに配置されても、それは生身《なまみ》の自分ではない、唯《ただ》の記号のようなものである。しかし、上に立って「空しい」などと言うのは偽善《ぎぜん》ではないか。優越感《えつかん》そのものではないか。そう言われる前、線を引かれる前に、他者との競争から降りればいい。

そして、降りることは決して公言《こうげん》しない。勿論、ネットでも呟《つぶや》かない。下手《へた》に啖呵《たんか》を切るから、後で困ることになる。誰にも告《つ》げず、自分の心の中で誓《ちか》えばいい。それなら誰にも分からない。素知《そし》らぬ顔で暮らしていれば、何時《いつ》の日か心変わりが起こっても、弁解する必要すらないではないか。

熱く語る必要もなく、冷たく突き放す必要もない。平熱、平温を保ったままで、静かにドアを閉めるのだ。これを物理学では『等温過程《とうおんかてい》』という。これならエネルギーを消費しない。従って、どんな自分にでも成れる。前の自分にも、今の自分にも、まだ見ぬ自分に変じても、エネルギーは保存されたまま、また同じだけ使えるのである――「無駄な啖呵はエネルギーの浪費《ろうひ》」と心得《こころえ》るべし。

だから黙《だま》って降りよう。魂《たましい》を込めて全身の力を抜く。投げ遣《や》りではなく諦《あきら》めでもなく、心を込めて精一杯に力を抜いて、世の動きを無視するのだ。自分が止まれば、世の中が動き出す。下手に自分が動くから、世の動きとマッチしないのである。ならば思い切って止まってしまえ。そうすれば、今度は世の中全体が、自分を中心に回り出すのが見えるはずだ。力を抜けば全体が見渡せるはずだ。

心であれ体であれ、「脱力《だつりょく》の習得」こそが、人生における最重要課題の一つであることを知ろう。

親から言われたこと、先生から言われたこと、先輩から友人から、嫌でも耳に入ってくる様々な警句、至言、人生訓。何処《どこ》か変だ、何か違うと感じたら、それを丁寧《ていねい》に考えてみる。そうすれば、如何に世の中に無用の争い、他者との比較が溢れているかが分かるだろう。それが分かれば、後は力を抜いて、自分自身をライバルとする生き方を選ぼう。失敗を前提に考えよう。そして、その失敗が及ぼす「被害」を概算《がいさん》出来れば、次に打つ手も見えてくる。「明るいネガティブ」こそ、脱力の基本である。何しろエネルギーロスの無い等温過程である。何時でも遣り直せる。また、他者と競争する気になれば、そうすればいい。唯こう考えるだけで、選択肢は既に倍に増えているのである。

第1章「数学は積み重ね」と言われても

　俗《ぞく》に「数学は積み重ねだから、一度分からなくなったら、もう取り戻せない」などと言われている。大した脅《おど》しである。しかし、この世に取り戻せないものなど、時間をおいて他には無い。なるほど時間は取り戻せない。従って、小学校時代に学ぶべきことを学ばず、中学校時代に学ぶべきことを学ばず、先送りにしてしまった人は、この時間差だけは取り戻しようがない。潔《いさぎよ》く諦めて頂こう。

　しかし、本当の問題は「何時、何処で学んだか」ではなく、それを確実にものに出来たかどうかのはずである。これは数学に限らず、どんなものに対しても成り立つ、当たり前の話ではないだろうか。別に小学課程を高校時代に理解したからといって、自分から言わなければ誰にも分からないことである。読めないようでは少々困るが、小学校で習う漢字を成人するまで書けなかったとしても、大騒ぎする程の問題ではない。そんな遅れは手元に辞書さえあれば、あるいは携帯端末さえあれば、ホンの数分で取り戻せるではないか。数分のズレが何の問題になるというのだろうか。

　小学校の卒業式で、「君達の将来には無限の可能性がある」と言われ、中学校でも同じく「無限の可能性」の言葉を頂き、高校でも大学でも社会人になっても、訓示《くんじ》の最後は必ず限りない可能性に言及《げんきゅう》される。これが我が国の行事の定番である。確かに「無限に聞かされた」ような気もするが、明らかに嘘である。かなり酷《ひど》い嘘である。誰にとっても可能性は有限でしかない。「これも一つの表現だ」と慣れてしまうことが、何より恐ろしい。嘘に慣れると真実が見えなくなるからである。

小学校の入学式ならいざしらず、卒業式では既に多くの可能性が消えてしまっている。トップアスリートになるにも、音楽家になるにも、卒業式から始めるようでは遅過《おそす》ぎる。中学生ともなれば、プロ棋士《きし》になる者も、オリンピックで金メダルを取る者も、世界を股《また》に掛けたライブツアーをやる音楽家もいる。高校生になった段階で、将棋の名人になる道は、ほぼ閉ざされている。メダルを狙える競技も激減している。職人になるにも、既に歳を取り過ぎている分野もあるだろう。

「無限か有限か」と言葉尻《ことばじり》を捉えて云々《うんぬん》したいわけではない。話がまるでアベコベなのである。

「可能性が時々刻々と消えていく」からこその青春である。残された可能性に賭け、全力で藻掻《もが》くからこそ、青春は儚《はかな》くもまた美しいのである――一方、老人の可能性、選択肢の数はもはや変化しない、それが老《お》いるということである。この世にある無限とは、目的地まで辿《たど》り着く、その経路《けいろ》が無限通り考えられるというだけの話であって、宇宙の果てまで行き着くという無限ではないのである。

その中で、学業だけが他と比較して長く可能性を残している。高校二年生まで全く勉強をしなかった人でも、猛烈な頑張りで一挙に遅れを取り戻し、難関大に滑り込むケースは決して珍しいものではない。学校の勉強だけは、かなりの時間的な幅をもって、取り戻すことが出来るのである。そこに学校の良さがある。たとえ僅《わず》かであっても、「時計の針を逆に戻せる」のは、唯一学業だけなのである。若者は、先ずはこのことに気附かねばならない。まだまだ間に合う、諦めてはならない。

そんな学校教育の中でも、数学は最も取り戻し易い科目の一つである。勿論、将来数学者として、その道へ進もうという人には、それなりの時間制限がある。学問にも、スポーツや藝術《げいじゅつ》と同様に、若さが武器になる分野がある。純粋数学は、その一例として挙げられるだろう。

ここで考えたいのは、そうした特殊な話ではない。ごく普通の学校数学を理解することに、「手遅れなどない」という話である。「数学は積み重ねか？」と問われれば、「そうだ」と答えるだろう。しかし、それは数学の大系《たいけい》が、そのように綿密《めんみつ》に作られているというだけの話である。確かに学ぶに際して推奨《すいしょう》されている一定の順序はあるが、それは決して絶対的なものではないのである。

綿密に作られているということは、各部が全体と調和して、その詳細を示す「地図」があるということである。仮に王道は一本だとしても、そこに繋《つな》がる幾多《いくた》の脇道《わきみち》がある。数の計算が得意な人も、幾何《きか》が得意な人もいる。どちらから入っても、結局のところ、同じ場所に行き着くだろう。半年やそこら、学校を休んだところで、脇道を駆使して王道へと戻ることは、大した難事《なんじ》ではない。ましてや、今日分からないからといって、「明日もまた分からない」などということはないのである。

数学が上手く理解出来ない高校生は、先ず中学校時代の教科書を机の上に並べて、三年のものから順に降りていけばいい。**分かる問題が出てきたところが、あなたの今のレベルである。**中学三年分が全滅でも、何も恐れることはない。小学校時代の教科書を引っ張り出す、もし、無ければ図書館で借りてくる。そして、同じように六年生から遣り直すのだ。実に簡単なことである。

「なんて手間なんだ」と思うかもしれない。しかし、一旦この作業に慣れると、驚くほど速いペースで、中学校の全課程を理解することが出来る。本当に自分が分からないレベルまで戻らないから、返って時間が掛かってしまい、その益を感じることがないまま、嫌気《いやけ》が差して止めてしまうのである。理解への唯一の障碍《しょうがい》は、自分が自分に対して張る見栄《みえ》だけである。誰も見ていない、誰も知らないところでなお、童心《どうしん》に返ることを妨《さまた》げる「自分への見栄」、虚栄心《きょえいしん》、唯それだけである。

第2章 「センスが必要だ」と言われても

学校数学は、誰にも充分理解出来るレベルのものである。こう言うと、直《ただ》ちに「厳《きび》しい反論」が返ってくるようであるが、冷静に他の科目と比較してみて欲しい。もし、その場で理解出来ない人がいても、それは教え方や掛ける時間、本人の取り組み方や意識に何らかの問題があって、上手く頭の中に入っていかないだけの話である。落ち込む理由など「何処を探しても無い」のである。

どのみち捨てる覚悟なら、学校でのカリキュラムとは別に、自ら本を選んで、自分のペースでゆっくりと復習していけばいい。思ったほど難しいものではないことに、直ぐ気が附くだろう。そして、「意外と簡単だな」と思い始めるだろう。これは、どの科目にも応用可能な方法ではあるが、何より数学において効果的である。大学受験においても、文科系志望者ほど、こうした方法で数学を再確認した方がよい。何故《なぜ》なら、数学ほど入学試験で安定して得点出来る科目は他にないからである。

満点を目指《めざ》そう、高い得点を取ろうと思うから、僅かなミスや理解の及ばない部分が気になって辛《つら》くなるのである。実際、教える側は『蟻《あり》の一穴《いっけつ》』を気にするが、教わる側まで、それを気に病《や》んで萎縮《いしゅく》する必要はない。十点しか取れない人が、三十点取れるようになるのは簡単なのである。定番の問題、基本中の基本だけを理解すれば、下の二十点アップなどわけもない。しかし、誰もが経験しているように、他の科目で二十点増やすことは容易ではない。従って、上手く数学系の科目を利用すれば、受験出来る学科も増えて、まさに将来の可能性が拡がるわけである。

このレベルの数学を理解するのに際して、俗に言うところの「数学的センス」などというものは全く必要がない。「ひらめき」などという得体《えたい》の知れないものも無用である。それは、単なる「解法のヒント」や「定番問題の処理法」などが、多く経験を積むことで「相互の繋がりを持つ」ようになり、その繋がりを「自分自身で発見した時」の、その独特の感覚を大袈裟《おおげさ》に表現しているだけのことである。本は何のために読むのか、このことを理解していれば、それで充分である。

◆分からないからこそ楽しめる◆

言うまでもない、本は「分からないことを分かるようになる」ために読むのである。即ち、本に書いてあることは、分からないのが当たり前、それが普通の状態であることを、何度も何度も自分に納得させねばならない。「書いてあることが何も分からない」などという理由で書を捨てるなら、この世に読むものなど何もなくなってしまう。実際、自分が充分に分かっていること、知っていることばかりが書いてある本を、お金を払って買う人がいるだろうか。分からないことが書いてある、そしてそれを読めば分かる可能性がある、そう思うからこそ買うのではないか。

仮に、勉強に必要なセンスがあるとすれば、それは「分からないことが楽しい」「それが面白い」と思う感覚だけであろう。そういう感覚さえ身に附ければ、「分からないことばかり書いてある」といって苛立《いらだ》つことなどなくなる。ここで、「大《たい》して勉強もしてこなかったのに、分かる方が奇跡だ」と自分を笑い飛ばせるようになれば、先ずは初級レベルの脱力は成功である。実際、ノーベル賞受賞者にも、数学のノーベル賞といわれるフィールズ賞受賞者にも、こうした台詞《せりふ》を自分に浴びせては、難問に挑んでいた人がいるのである。少なくとも「自分に対して見栄を張らない」こと、虚栄心を捨て去ることが心身のバランスを取るための基本である。この時、初めて脱力が可能になる。

学校も同様である。学校は役に立つことを教える場ではない。「役に立つ」とは如何なる意味か、一体誰がそれを決めるのか。今、役に立つことは将来も役に立つのか。何の役に立つか分からないからこそ、大いなる可能性が生まれるのである。何かの役に立つことが分かっているなら、それは今風のファッションと変わるところのない、明日の日にも捨てられる底の浅いものに違いない。学校は、分からないこと、欲してもいないことと出会い、それを噛《か》み砕《くだ》き栄養にするための場、「分からないこと」を「分かるように学ぶ」場である。従って、最初から「分かる」必要など何処にもない。

さらに附け加えれば、「分かる」とは何か、「分かるとは一体精神のどのような状態を指すのか」、「分かるが分かれば苦労はない」のである。実際、**「分かる」を腑《ふ》分《わ》けすれば、必ず「非論理的な認識の飛躍《ひやく》」に辿り着くが、これは説明不能である。**分からなければ覚えればよい。覚えることは罪悪ではない。先ずは丸暗記で結構である。逆に、覚えられなければ分かればよい。この往復運動が、やがて「分かるを分からせてくれる」に違いない。分数を「理論的に分かる」小学生はいない。覚えて親しんで、そしてようやく「分かる」を感じられるようになる。先ずはこのことを分かろう。

テレビの番組などで、しばしば使われる流行《はや》りの言葉が、「こんな授業を学校時代に受けたかった」「こんな先生に学生時代に習いたかった」「こんな本を若い時に読みたかった」というものである。果たして、これは褒《ほ》め言葉なのだろうか。学校の授業程度の中身は、何時でも取り戻せるものである。学生時代に読もうと、今読もうと、その本が自分にとって意義があると感じたなら、遅いなどということはあり得ない。どうして素直《すなお》に、「今から始めるぞ」と思わないのだろうか。不思議《ふしぎ》である。「幾つになっても青春だ」と気炎《きえん》を上げる老人がいる一方で、「あの時に出会っていれば」と過去を懐《なつ》かしみ、今を嘆《なげ》く若者がいる。老人には老人の良さがある、役割がある、何時までも若者気取りでは困るのだ。その一方で若者が、僅かに数年の遅れを気にして、「あの時に、あの時に」と譫言《うわごと》を言われても、社会は沈滞《ちんたい》するばかりである。**真の若さとは「年相応《としそうおう》」ということである。**

◆数学は選別の指標ではない◆

過去・現在・未来と続く時の流れの中で、私達が直接関与《かんよ》出来るのは今、現在だけである。幾ら嘆いても過去は変えられない。未来はまさに夢の中である。特別な地位や才能を自らに求めるのでなければ、大抵《たいてい》のことは取り戻せる。全ては「今」をどう理解するか、この一点に掛かっている。

仮に、過去も未来も自由に操《あやつ》れる者がいたとしても、今、この瞬間だけは我のものである。この世界の各点、各点で「今」は異なる。それぞれの場所に、それぞれの「今」がある。その位置に、まさに「今」存在するものだけが、それを操れる。**故に「今」は個人に属するものなのである。**その今を生きる、その今に没頭《ぼっとう》することが『三昧《ざんまい》』、あるいは『忘我《ぼうが》の境地《きょうち》』である。『悟《さと》り』とは、この境地において際立《きわだ》つ「説明不能の認識の飛躍」、即ち「分かる」の最小単位ではなかろうか。

自分の力ではどうにも出来ない対象を「物」と呼ぶ。我々は、それに寄り添うことで「物に学ぶ」、それが「物作り」である。その意味で、数学も一つの物作りである。そして、その物作りの神髄《しんずい》は「三昧」にある。従って、数学を学ぶには、今に没頭する、そのことだけで充分なのである。

たかが数学一つで人生の幅を狭めるほど、馬鹿げた話はない。数学を嫌いな人ほど、やっただけの益がある。それが数学の特徴である。「積み重ねだから……」は一切気に掛けることなく、気に入ったところから、分かりやすそうだと感じたところから、斬り込んでいけばいい。やがては本筋に戻るように数学は出来ている。確かに誘導されるようになっている。取り敢えずは流れに乗って、身を任《まか》せればいいのである。数学への嫌悪感《けんおかん》が減り、「やれば何とかなりそうだ」という方向へ心が動くと、唯それだけで見える景色《けしき》が劇的に変わってくる。好きになる必要もないが、嫌う必要もない。ニュートラルにするだけで充分である。一度、中立地点に立てば、数学嫌いを公言する人が、どれだけのものを失っているかが確かに感じられるようになる。それで充分である。

しかし、面倒なことは、単に数学が出来る・出来ないということを、「頭が良い・悪い」ということの指標《しひょう》にしようとする人達がいることである。そして、悪い側に組み込まれた人達までも、この指標を半《なか》ば認めてしまっている。その結果、それが「社会的圧力」になってしまう。そして、選別に対する嫌悪が、数学に対する嫌悪に変じる。濡《ぬ》れ衣《ぎぬ》を着せられた数学には迷惑な話である。

勿論、科学者にとって数学は特別な存在である。他とは異なる、極めて重要な特徴を持った学問だと認識している。そして、揺るぎない信念の下で、それを語ることが出来る。**しかし、数学の理解を唯一の判断基準にしようとは思わない。そう考えるのは、むしろ数学の本質を知らない人達の方である。**従って、何も気にする必要はない、黙って無視すればいいのである。この種の対立は、実は数学だけに限らず、様々な分野で起こっているようである。本当に厄介な問題である。

第3章「レベルが問題だ」と言われても

小学校・中学校の課程は「義務教育」と呼ばれている。法的な意味での義務と権利の関係については喧《やかま》しい議論があるが、ここでは違う視点から、これを見たい。

確かに、この課程は「義務」であると思う。何故か。

それは、この課程を十全《じゅうぜん》に収めた者に対しては、先端科学について、人生の機微《きび》について、そしてありとあらゆる人類文化、その遺産に対して理解可能な形で情報が提供される「権利が与えられる」と考えたいからである。対して、教育側は全力でこれに応《こた》える「義務」が生じる。この義務と権利の関係を象徴するものとして、「義務教育」なる言葉を使いたいと思うのである。

そして、この義務を果たし権利を得た者は、相手が大学教授であれ、ノーベル賞受賞者であれ、要《い》らぬ謙遜《けんそん》などせず、堂々と胸を張って「どうか私に分かるように教えて下さい」と言えるようにすべきである。それが言える社会こそ、本当の意味で学問、藝術が尊重された文化的な社会である。

従って、この立場に徹するならば、全ての啓蒙書の読者対象は「義務教育修了以上」となる。著者側には「この分野には大学レベルの知識が必要だ」とか、「最低でも高校卒業程度である」とかの言い訳は許されない。仮にそうした枠内に逃げ込む人達が数多くいたとしても、必ずその間に立って隙間《すきま》を埋め、義務教育修了者がスムーズに上級課程を学んでいけるような、教材なり手法なりを開発する人達を育てていけばいい。そうした人達を育てることもまた、大学の一つの義務ではないか。

しかし、実際にそうした初等教育から高等教育を繋ぐ分野に関わっている人達の多くは、残念ながら在野《ざいや》であり、大学等の教育機関に所属する人は少ないように思われる。今、関わっておられる人達は、労《ろう》多くして功《こう》少ないこの分野に自らの信念によって立ち向かわれている。誠に得難《えがた》き人達である。陰ながら彼等のことを、誇り高き意味を持って「権威無き著者団」と呼ばせて貰っているが、勿論、彼等に対して、大学、あるいは高等教育機関という名の「権威」が必要だと主張したいわけではない。小学校から大学院まで、シームレスに続く教育環境を構築するには、在野の人がその業績により組織に属する必要も、逆に組織から野に下る人も必要だと言っているのである。その意味で、今は在野におられる方々の存在を強調する意味から、このような表現を採らせて貰っている。

さて、一番の問題は、この分野に対する大学人の関心の低さである。たとえ教育者として名高い教授であっても、それは自分が属する分野の「後継者教育に卓越《たくえつ》している」という場合が大半であり、初等教育の重要性に関しては理解はしていても、そこに積極的に関わろうとする人は稀《まれ》なのである。何故か、それは我が国の「先生」は、小学校から大学に至るまで例外なく忙しい、職業人としても個人としても、心身のバランスを失う程に忙しい、それが一つの理由である。「大学教授たる者、自らの講義は自ら執筆したテキストで行うべし」と考えるが、これは到底実現しそうにない。

既に、覚えきれない程のノーベル賞受賞者を輩出《はいしゅつ》している我が国ではあるが、その栄光の受賞者達もまた、生い立ちや受賞対象となった研究の概要をまとめた啓蒙書を出版するか、講演や教育的な講座に補助的に関わられるレベルに留まっており、生涯を通して見通された「学問の全体像」を出版などの具体的な形によって、世に問おうとされる方は少ないように見受けられる。

実際、我々が知りたいと熱望しているのは、生い立ちでも苦労の足跡《そくせき》でもなく、次世代に活かすべき「碩学の学問に対する見識《けんしき》」なのである。かつては湯川《ゆかわ》・朝永《ともなが》両博士の「物理学を総覧《そうらん》する著作集」が母語で読めることに、大いに感動したものであった。それが一つの誇りでもあった。

また、教育系の学部にしても、大きな構想を持って教育全体を俯瞰《ふかん》しようという意図《いと》よりも、現実の教室で行われる授業に、直接貢献《こうけん》するような手法を模索《もさく》されている場合が多いように思われる。それは当然の対応だと理解することは出来るが、大構想を夢見る者には少々残念なことでもある。

よって、今なお学習者が「レベルを問われる状態」が延々と続いているのであるが、本来問われるべきは著者の方である。「義務」を果たした者は、堂々と問う側に回るべきではないか。「五合目からなら教える」「八合目からが本当の登山だから」などと言われても、初学者《しよがくしや》は山登り以前の最初の一歩、その踏み出し方にすら戸惑《とまど》うものである。先ずは「靴の選び方」から始める必要がある。分野を問わず、初等課程こそが教育の最重要問題である。学習者の期待に応えて、ここに有為《ゆうい》の人を割《さ》けるか否《いな》か、その人達を支援《しえん》出来るか否かに、国の文化に対する認識を見ることが出来るだろう。

電子出版という『新しい革袋《かわぶくろ》』が作られた今、それに相応しい『新しい酒』が求められているのかもしれない。しかし、問題は容器ではなく中身のはずである。出版人の多くが右往左往《うおうさおう》している現状は、電子出版が「中身の変化がもたらした容器の変革ではない」がためであろう。このズレを如何に修正していくか。その答は、初学者に対する著者側の応接《おうせつ》に掛かっている。**昔も今も、孤立して学ぶ人にとって、著作の有効性は変わらない。**本そのものが持つ力というものを、出版側こそが再認識すべき時期が来ているのだと思う。それを知らない、信じない人が多過《おおす》ぎるのである。

第４章 「本を数多く読め」と言われても

本を読む、それは貴重な体験である。しかし、その「読み方」に問題がある。先にも述べた通り、本は何かを学ぶために読むのである。この当たり前のことが忘れられているのではないか。学校においては、先ず「感想文」が求められる。入試においては、文章の「分析力」が求められる。「著者の言いたいことは何か」と問われる。「内容を要約せよ」と迫ってくる。誠に残念ながら、こうした一連の流れの中に、「本から学ぶ」という姿勢は見られない。そこにあるのは、「二時間の映画から二分の予告編を作れ」というような編集作業に類する話ばかりである。そこに愛情は存在しない。

何かを学ぶということは、その対象に惚《ほ》れるということである。即ち、対象への愛が必要である。周りの物が何も目に入らなくなり、一途《いちず》にそのことだけに徹することである。『痘痕《あばた》も笑窪《えくぼ》』とやらで、欠点など何も見えなくなる。それが惚れるということであり、即ち学ぶということである。惚れて惚れて惚れ抜いた果てに、ようやく自分を取り戻す。理想の世界から現実に戻る。その時、初めて学んだ中身が分かる。従って、書評というものは、その著作から何を学んだかを評者が綴《つづ》るものであって、得意げに欠点を論《あげつら》ったり、無い物ねだりの羅列《られつ》をして文字数を稼《かせ》ぐものではない。

褒めてもいけない、腐《くさ》してもいけない、さてどうする。そこで評者は、「作品世界の観察記録」を書くのである。先ずは、作者と同じ土俵に乗らねばならない。その上で、自分が何をその本から学んだか、何を得たか、読書前と後で、自分が如何に変わったかを静かに書くのである。そのことに他の人が反応して、同じ体験をしたいと念じ、その本を読む決意をする。それが書評の役割である。

感想文も同様である。「感じたことを自由に書く」のではなく、「学んだことを筋立《すじだ》てて書く」のである。単に「感想」というだけなら、良かった・悪かった程度の話にしかならない。無理強《むりじ》いされたものなら、「ああ疲れた」とだけ書かれても、これを咎《とが》めることは出来ない。作者の描く作品世界に没頭する、そこから何かを学ぶという決意無しに行う読書は、目を紙面上に泳がすだけの単なる「眼球運動」に過ぎない。目玉の運動の感想なら、それは眼科に提出すべきものであろう。

◆著者と読者の関係◆

本を読むに際して、批判的であることを重要視《じゅうようし》しない理由は、著者と読者の関係にある。書かれている内容、その理解において、著者は読者に勝っていることは当然のこととして、どちらが上の立場にいるか、優劣ではなく「視野の意味」で、どちらが鳥瞰的《ちょうかんてき》な立場にいるかといえば、それは明らかに読者なのである。著作というものは所詮《しょせん》は過去の記録である。それが一年前に書かれたか、一ヶ月前か、一日前かは別にして、読者が読むよりも以前に書かれたものである。この馬鹿馬鹿しい程に当然の話から何が出てくるか。それは読者は、著者よりも「後の世界の常識に従って、その内容を精査《せいさ》し、後の世界の概念《がいねん》をもって再構成することが可能だ」ということである。

また、類書《るいしょ》を並べ、参考文献《さんこうぶんけん》を調べて比較することも出来る。加えて、新しい環境、新しいハードウエアの力を借りて、これをさらに細分化し吟味《ぎんみ》することさえ出来るのである。これだけの好条件の下、遙か上空から著作を見下ろす立場にいる読者は、その内容の全般に渡って、どのようにも注文を附けることが出来る。これは実に容易《たやす》い行為である。しかし、この容易さがまた別の誤解をもたらす。未来のことはともかくとして、過去のことなら「何でも分かる」と思い込むのである。コンピュータを個人が持てる時代に、ビルのフロアを占拠《せんきょ》する大型機しかなかった時代の苦悩は分からない。裸電球の危《あや》うさも、夏の蚊帳《かや》の匂《にお》いも、火種《ひだね》の乏《とぼ》しい冬の風呂《ふろ》の寒さも、そう易々《やすやす》と共有出来るものではない。街頭テレビに群《むら》がる人の興奮も、瓶《びん》に入った珈琲《コーヒー》牛乳の味わいも、洗濯物を絞《しぼ》るハンドルの重さも同じこと。それは丁寧に時代背景を読み取る人にしか、諒解《りょうかい》出来ない質《たち》のものであろう。ましてや現代社会の視点から、戦国時代の有様《ありさま》に文句を並べても仕方がない。

自由も平等も、人権も人命も、今とは異なる意味を持っていた、衣食住の全てが異なる内容、異なる価値を持っていた時代のことは、幾ら時代考証《じだいこうしょう》を重ねてみたところで、一刀両断に峻別《しゅんべつ》することなど出来るはずもないだろう。要するに「今の知恵で過去を裁《さば》くな」ということである。

にも関わらず、批判することが読書であると思っている人は、一読《いちどく》した程度の読みの浅い状態から、あれやこれやと「事の正否《せいひ》」を並べ立てることが多い。それは本人が考えるよりも遙かに容易《ようい》なことであって、得意げに語ることではない。誰にでも簡単に出来る、レベルの低いことであり、加えて「自らを知的であると錯覚《さっかく》させる危険性を伴ったもの」なのである。だからこそ、本を読むという行為に対しては、時代を超え環境を超え、自他の区別さえ超えて著者の真横にまで迫り、その息遣《いきづか》いに従って共に時を重ねていくという強い覚悟が必要なのである。真の書評は、一流の読み手に成長した時に、初めて為し得るものである。それは専門家でありながら、同時に初見《しょけん》であるかの如く自らを「無」に出来る、そういう技術を身に附けた後に、ようやく辿り着ける境地なのである。

◆一冊の本を丁寧に読む◆

「学ぶために読む」という読書本来の習慣は、多読《たどく》でも速読《そくどく》でも身に附かない。唯々「精読《せいどく》」を為した者が、『眼光紙背《がんこうしはい》』に徹した者だけが、これを会得《えとく》する。一冊でいい、小さな本でいい。最初から最後まで、隅々《すみずみ》まで読む。脚注は勿論のこと、著者略歴からカバーの折り返しに至るまで嘗《な》めるように読む。そして、著者の志を感じ取る。全てが腹に収まるように、呼吸を整えて読むのである。

健康法の一つとして、丸ごと食べることを勧める人がいる。魚なら、皮も身も骨も残さず食い尽くすことで、栄養のバランスが取れるという発想である。本を読むのも同じ。前書も、後書も、残してよいところなど何処にも無い。徹底して一冊の本を読んだその暁《あかつき》には、自分自身が大きく変わっていることが感じられるだろう。もし、感じられないなら、読み方が悪かったか、選んだ本が悪かったか、のどちらかである。この段階まで来て、ようやく本の善《よ》し悪《あ》しを云々出来る。「これが書いてあるから○、あれが書いていないから×」などというのは、マニュアル本にだけ通用する話である。

また、本の評価として、短時間で読めたことを挙げる人もいるが、折角《せっかく》の出会いに僅かな時間しか割《さ》かないとは、実に勿体《もったい》ない話である。人は自らの成長に応じて、同じ本に異なる印象を持ち、異なる姿を見出す。動かぬ本が人を動かし、その成長を加速させる。名著は、何度読んでも新しい。個人の寿命を超え、時代を渡る不滅の力を蔵《ぞう》している。掛けた時間だけ、得るものも多いのである。

本を読むなら先ずは教科書から、と言いたいところであるが、今述べた意味では「学校教科書は本ではない」ので、これは無理である。国語の教科書は、「予告編の集合体」のようなもので、あらゆる作品の名場面だけを選んだ結果、実際には何の感動も伝えないものになってしまっている。勿論、短編なら全部が収録されている場合もある。しかし、それがここでいう「本を読む」「作品から学ぶ」という行為からは、遠く離れたものであることは諒解頂けるだろう。名場面集に誘導されたなら、直ちに本編を見るべきである。そのために、学校には図書館が存在するのである。

「カルト」や「洗脳」という言葉のために、人は「惚れることを恐れる」ようになった。絶えず何かを批判し、無い物ねだりをするようになった。欠点を論って、自分と対象の距離を保っていないと落ち着けなくなった。「恋知らず」が教養の証《あかし》だと錯覚するようになってしまった。

文学は全て「虚数」である。人の手になる虚構である。作品に惚れ抜いて「実数」のように扱い、醒《さ》めて再び虚数であることを確認してこそ、人の成熟に貢献するのである。ニーチェ然《しか》り、ドストエフスキー然り。こうして毒も薬になる。虚数を空なるものとして扱い、毒を毒として遠ざけているようでは何も得られない。命懸《いのちが》けの恋も、本当に果ててしまっては元も子もない。そのギリギリまで進み出て、限界を知ることから己《おのれ》の器《うつわ》が分かる。そのためには、安手《やすで》の批判精神など邪魔《じゃま》になるだけである。恋に分析は似合わない。速さを競うものでも、多さを競うものでもないだろう。

そう考えると、生涯を掛けても、そんなに多くの本は読めないことが分かる――「恋焦《こいこ》がれて」ばかりでは身が持たぬ。だからこそ、重要なものを読むべきである。人類の歴史に燦然《さんぜん》と輝いている古典を皮切りに、確かな評価を得てきたものを軸にして、読書体験を重ねていく必要がある。何でもいい、気に入ったものから読み始めればいい、と言いたいところではあるが、「入門」はともかくとして、一度「門」の中へ入った後は、しっかりとした作品を読了して頂きたいものである。

第5章「取捨選択せよ」と言われても

気軽に「良いものは取り入れ、悪いものは捨てよ」という人が多い。しかし、これは中々の難事である。「是々非々《ぜぜひひ》で事に取り組め」という言葉も同様である。何が良くて何が悪いか、何が是で何が非か、容易に分かるものではない。一度は、その難しさの意味を、真剣に考えておく必要がある。

この世で起こる大半の事は、合理的な選択が出来ない、極めて微妙なバランスの上に成り立っている。単純な話である、「馬力があるエンジンを作れ」、これは技術者にとって悲願である。「燃費の良いエンジンを作れ」、これまた誰もが望むことである。何れも「取」に属するものである。「是」に属するものである。そこで、実に簡単に「馬力があって燃費の良いエンジンを作ればいい」と断じる人、こういう人が『取捨選択《しゅしゃせんたく》』だの『是々非々』だのと気軽に言い出す人なのである。

理想は理想であって、現実の選択肢の中にはない。馬力か燃費かという葛藤《かっとう》の中で、技術者は苦悩している。どの部分が馬力に対して「是」であり、どの部分が燃費に対して「非」であるか、その逆はどうか。それが分かるようなら、技術者に苦労は無く、世界は遙かに進歩し、人類はより豊かな文明を享受《きょうじゅ》しているであろう。『彼方《あちら》を立てれば此方《こちら》が立たぬ』という諺《ことわざ》もあるというのに。

選択は常に「取・捨」を許さない形で迫ってくる。是も非も分からない相手を、切り分けていかねばならない。誰もが経験済みであるはずのこの現実を、何故《なにゆえ》に無視して、「良いものは取り入れましょう」などと言うのだろうか。実際に「それを私はやっている」という人がいるなら、その人は対象の長所だけではなく短所もまた取込んでいる。短所だけではなく長所もまた捨てているはずだ。

理想と現実の混同《こんどう》は、あの世とこの世の混同と同じ、ある種の錯乱《さくらん》である。両者は交換不能な対立概念である。要するに、取捨も是非も自分の感覚だけで、より明確に書けば「単なる好き嫌いで分けている」に過ぎないのではないか。先にも述べたように、絶世《ぜっせい》の美男美女が出来るはずのモンタージュ写真において、実に奇妙な結論が導かれるのは何故だろうか。良いところを採り、悪いところを捨てたはずの合成写真に現れるのは、奇怪としか表現のしようがない人造人間である。

◆丸呑みをする経験◆

そして、これは「美」に関わるあらゆる問題に共通する、根本的な錯誤《さくご》だと思われる。多くの人が望む要素を採り入れ、線を選び面を削り、描写の隅々まで調整しても、そこに「美」は現れてこない。「美」は多数決ではない。各要素の取捨でも、是非の評価でもない。人も物も自然に出来上がったものは全て、それを丸呑《まるの》みにするしか他に方法の無い、『不可分一体《ふかぶんいったい》』のものなのであろう。

不可分一体とは、「部分の矛盾を全体で解消している」ということである。この矛盾の解消こそが「美」の正体である。分解すれば矛盾だけが露《あら》わになり、「美」は消える。それを選別出来る、選別後も「美」は残ると考えることが間違っているのである。藝術作品とは、「人という分解不能の存在」を憑依《ひょうい》させたものである。それが切り貼りを許さず、丸呑みを迫ってくるのは当然の話ではないか。

「体に悪い物だから食べない」という行為を徹底すると、何も食べる物が無くなる。「体に良い物だからドンドン食べる」を徹底すると、大抵の物は体に害をもたらす。取捨選択などといっても、こうした極端まで行かないと、本当のことは何も見えてこない。だからこそ、「丸呑みにする経験」が必要なのである。良い本は読む、悪い本は読まない。その中でも、良い文章は参考にする、悪い文章は捨てるなどということが本当に可能か。熟達《じゅくたつ》の読み上手《じょうず》のことは知らない。読書経験の少ない人に向けて、いや人生経験の乏しい人に向けて、こうした発言を繰り返すことは、僅かに化膿《かのう》することを恐れて、必要な薬剤を投与《とうよ》せず重篤《じゅうとく》にしてしまう医者のようなものだ。

　では、丸呑みして危険はないのか。批判精神を封印し、対象の真ん中に飛び込んで、それで無事に帰ってこられるのか。「洗脳」をどう考えるのか、といった疑問があるだろう。それには、「何《いず》れはあなたの体が自動的に毒物を吐き出すようになる、そこに至るまでには、多少の傷を負うかもしれないが、その傷こそが自浄《じじょう》能力の素となる」と答えておこう。**確かに、「疑うこと」は知性の本質である。しかし、「信じること」を経験しなければ、健全に疑うことも出来ないのである。**

　毒に当たっても、洗脳状態に陥《おちい》ったとしても、それが極めて短期なら、特にどうこう言う話でもない。一秒未満の失神《しっしん》なら本人も気が附かない。瞬間的な錯乱なら、目眩《めまい》があった程度の話に落ち着く。要するに、長期間に渡る混乱が問題なのである。そのためには経験を積んで、このサイクルを限界まで速めておく必要がある。それは単純な「読書の速さ」の話ではない。丸呑みにして、それでもなおバランスを失わないようにする、「考える速さ」のことである。

　しかし、実際にこれを身に附けるためには、少々の危険を冒《おか》してでも丸呑みを経験していくしか他に方法がない。この明らかな矛盾を乗り越えねばならぬところが、知性を磨くことの難しさである。ここにもまた「美」と同様の「全体における矛盾の解消」という問題が存在するわけである。

◆心の傷と教育◆

昨今、「心が傷附く」という言葉を、ものすごい頻度《ひんど》で耳にするようになった。これも現実の問題から遊離《ゆうり》し始め、言葉を弄ぶ段階に来ているのかもしれない。何を聞いても、何を言われても、「心が傷附く」と加えては、強力な心の壁を作っていく。そうして得られた「無傷の心」は、無傷であるが故に、その存在理由を見失う。**人は、傷があるからこそ、そこに心の居場所を、その実在性を感じる。**様々な形、様々な大きさの傷が、自らの心の全体像を、その許容量を教えてくれる。

そして、心に「小さな傷」を附けていくことこそが教育、その本質なのである。

小さな傷こそが、曇《くも》ったガラスを透明にしていく。大きな傷を小さな傷に変え、やがて見えなくする。「磨く」とはそういう行為である。ガラスの研磨《けんま》がまさにそうであるように、心を磨くとは、小さな傷を絶え間なく附けていくことによって、大きな傷を癒《い》やしていくことに他ならない。

傷だらけの心ならば、それは破壊されても修理が利く。壊れた破片《はへん》は、それぞれに個性的である。様々に自己主張をし、必ずや元の居場所に戻るだろう。しかし、無傷の心は一度壊れたら最後、二度とは元に戻らない。傷の無い破片には自己がない、戻る場所すら分からないのである。「あらゆる傷を恐れる」という方向を間違えた繊細さは、自己を破壊するに充分な凶暴性《きょうぼうせい》を備えている。

幼年期の心の傷は、容易に癒えることなく生涯に及ぶ、と識者は言う。確かにそれはそうだろう。しかし、それを無制限に拡大解釈して、「無傷の心」を目指す人が増えてきたようだ。その結果、取るに足りない小さな傷を厭《いと》うたがために、取り返しの附かない大きな傷を負うことになる。これは、自分で自分の逃げ場を封じてしまう生き方、無菌室《むきんしつ》から出られなくなる生き方である。

第6章 「名作を読め」と言われても

読書に対する基本的応接、それは「名作」を読むことで初めて身に附く。先ずは全身を預け、魂を吸い取られても構わない、そんな対象を見附けることである。しかし、何が名作か、何が古典か、初手は何にすべきか、迷うばかりで答が出ない人もいるだろう。勿論、「名作とは何か」という詮議《せんぎ》立ても無駄ではないが、それが叶《かな》わぬからといって、一切の身動きが出来ぬようでは何も始まらない。**知性は、矛盾との附き合いによって磨かれる。非論理的であることを恐れるばかりでは、「当たり前」から一歩も踏み出すことは出来ない。**そのためには、対象は歴史の審判に耐えた古典がよい。

ここでは、余計な御世話を承知の上で、次の三作品を紹介しておく。何れも、あらゆる邪心《じゃしん》を捨てて丸呑みして頂きたい。作品世界に入り込み、その中の住人として、主人公に振り回されて貰いたい。その世界で何が学べるのか。主人公の側《そば》にいて何が分かるのか。自分自身がその物語の主役なら、一体どのように振る舞えばいいのか。そう考えながら、名作のリズムに酔いしれて頂きたい。

◆『ソクラテスの弁明』・プラトン著◆

先ずは古典中の古典、プラトンの手になる『ソクラテスの弁明』から始めよう。

プラトンがこの作品を通して訴えたかったことは何か。我々はこの作品から何が学べるのか。それは、ホンの少し調べれば、直ぐに分かる。世界中の人の「様々な感想文」が容易に入手出来る時代である。他者の感想を叩き台にして論を進めるのは、実に容易いことである。

しかし、そんな安易な方法は採らず、唯ひたすら作品の中に入り込んで欲しい。そのためには、先ずはソクラテスの真横にまで自分を移動させることである。一番簡単な方法は、この作品を『原作・プラトン』の名の下に、そのまま舞台で演じればどうなるか。映画にすればどうなるか。プロモーションビデオにすればどうか、と自分で考えながら読むことである。ソクラテスを演じるには誰が適任か。ラジオならどうか、声優なら誰を選ぶべきか。舞台装置は如何なるものか。どうすれば、現代の我々に理解出来る形で物語を進めていくことが出来るか、を「本気」で考えるのである。

様々なことを考えている中に、あなたは古代ギリシアの人になっている。タイムマシンも何もない。何の力も借りずに、あなたはソクラテスの側にいる。これが想像力というものである。

さて、そこからどうなるか。歴史に干渉することが出来ないあなたは、その想いをソクラテスに伝えることが出来ない。ソクラテスからもまた、あなたの存在は認識されていない。互いに見えない関係の中、あなたは彼を翻意《ほんい》させることが出来るか。彼の正義に対する考え、行動を支持するか、それとも他にもやり方があるはずだと悩むか。突如として、あなたとソクラテスの外見《がいけん》が入れ替わったらどうか。あなたは彼の意に沿《そ》い、引き立てられて毒杯《どくはい》を呷《あお》るか。さあ、どうする。

古代ギリシアから現代に戻ったあなたを待っているのは、再びあの世界に戻りたいという焦燥《しょうそう》だろうか。いや、今がいい、今の私で十分だという感慨《かんがい》だろうか。先ずは、この作品を読んで、本の読み方というものについて、自分自身の考え方をまとめて頂きたい。無条件に没入《ぼっにゅう》してこそ何かが得られる、何かが学べるということを知って頂きたい。それこそがプラトンの意である。

◆『草枕』・夏目漱石著◆

続いては夏目漱石《なつめそうせき》、明治39年の作品『草枕』である。

小説は古いほどよい。小説に限らず、何でも古い方が面白い。その理由は、極めて簡単である。それは、何をやっても「新しい」からである。未開の領域においては、全ての試みが新しいわけであるから、小細工《こざいく》を必要としない、無理な設定を必要としない。特異な条件附けや、過激な描写を必要とせず、自然なテーマをごく普通に書いていく、唯それだけで「新しい作品」として成立する。そうした極めて有利な条件の中で、著者が自由に想像の羽を伸ばして書かれたものが古典作品だからである。古いものが面白い理由は、総じてこの辺《あた》りにある。古典こそが新鮮だというわけである。生物の世界に譬えれば、親が子よりも「種《しゅ》全体の中では若い層に属する」ことと同じ話である。

ベートーヴェンは、自らの交響曲集の完成に人生を捧げた。ハイドン、モーツアルトに学び、バッハの対位法《たいいほう》を研究した。そして、難聴や腹痛などの持病に苦しめられながらも、九番で力尽きるまで、様々なタイプの作品を作り、それ以前の全ての音楽を包み込もうと思案《しあん》し続けた。

その後に立ったブラームスは、ベートーヴェンの作品を何より愛した。これを乗り越えようと苦《く》心惨憺《しんさんたん》し、第一交響曲を完成させるまでに二十年の歳月《さいげつ》を要した。そして、四つの交響曲を残して逝《い》った。さらに後に立つマーラーは、ベートーヴェン、ブラームスという二人の巨人を超えようと全力で取り組んだ過去の作曲家の、その全てと異なる新しい交響曲を作らねばならなかった。極めて狭い範囲の動きしか取れない隙間の隙間から、自らの名によって呼ばれる作品を作る大難事に挑んだのである。さもなければ、彼にとって交響曲を作る意味など何処にもないのだから。

漱石の時代には、こうした縛《しば》りがない。小説というものの産みの苦しみはあっても、誰かと同じにならないようにと、右往左往する必要はなかったのである。漱石は、自らの情感を漢詩のリズムに乗せて、流れるように著した。そこには何も劇的なことは起こらない。何の事件も起こらず、何の変化も無いままに、少しずつ少しずつ物語は進んでいく。冒頭のリズムは消えても、それは地下水脈の如く、作品全体を包み込んで淀《よど》むことがない。私達は草枕冒頭のリズムを全身で感じれば感じるほど、それが再現不可能なレベルにあることを思い知らされる。「漢詩を物《もの》することが出来た最後の人」と呼ばれる漱石のこの作品は、模倣《もほう》すら許さない水準にある。ブラームスが感じたよりも、マーラーが感じたよりも、さらに私達に残されている余地は少ないのだ。

◆『相対性理論』・アインシュタイン著◆

最後は、論文である。『相対性理論』、正確には『運動する物体の電気力学について』と名附けられた特殊相対性理論に関するアインシュタインの原論文、その全編の翻訳である。

この論文は、科学史上の名作として広く知られている。その根本を為す部分に使われている数学は、高校生でも充分に理解可能なレベルのものであり、その意味で、非常に広い範囲の人にとって読了可能なものになっている。極論すれば、『三平方の定理《さんへいほう》』を学んだ人であれば、本作品の非常に重要な部分を読み進めることが出来るだろう。ところが、その数学に比べて中身の意味するところ、即ちその「物理的内容」を理解することは非常に難しい。このことを体験するだけでも、この作品に目を通す価値がある。これにより、「分からないことの意味とその意義」が理解出来るだろう。

数学と物理学を混同している人は大勢いる。ガリレオが言ったとされるように、『自然は数学の言葉で書かれている』のだから、自然現象を追求する物理学が、数学をその言語として定め、数学の論文と見紛《みまが》うばかりに、数式で埋め尽くされるのは当然のことである。しかし、それでもなお、数学と物理学は異なる。数式の難しさと、それが表現する概念の難しさは、全くの別物である。繰返し述べてきたように、この論文の数学的部分で難渋《なんじゅう》する人はあまりいないだろうが、相対性理論の核心である「時間と空間の概念の変革」は、そう易々と理解出来るものではない。それは、日本語の本なら如何なるものでも字は追える、しかし内容の理解は別だというのと同じことである。

学問の各分野には、その分野なりの特徴があり、相互に関連しながらも独自の難しさを持っている。基礎には基礎の、応用には応用の難しさがあり、純粋な理論の難しさも、実験の難しさも、それぞれ別物である。科学の全体を貫《つらぬ》く物理学と、その物理学の言葉として用いられる数学の関係を学べば、「学問の難しさの意味」も、「その難しさを理解する難しさ」も次第に見えてくるだろう。

以上の三作品は何れも短い。そして、何処の図書館にもある。決意すれば今すぐ手に入る。文字を追い、最後の頁《ページ》を閉じるまでに、そう時間は掛からない。しかし、そこから始まる本当の読書、即ち「何かを学び、何かを得て、自分の宝物に変えていく」には、どれほど掛かるだろうか。生涯、手《て》元《もと》に置いて楽しめるもの、それが古典、名作というものである。その価値は時を経なければ分からない。よって、先人の評価が問題になる。時代を超えて、評価の確定したものが大切だと言われる所以である。名作のリズムに酔いしれ、是非とも『巻《かん》を措《お》く能《あた》わず』という悦楽《えつらく》を味わって頂きたい。

第７章　「自由に考えろ」と言われても

自由という言葉ほど不自由なものはない。一体、何が自由なのか、何からの自由なのか、全く分からないからである。こうした意味の分からない言葉に依存《いぞん》すればする程、「不自由を感じる」のは致し方ないことだろう。「自由に考えろ」と言われたところで、具体的に何をどうすればいいのか、教えてくれる人も無ければ、書も無いのである。先にも書いたように、歴史的観点から見れば、古人は若く我々は年寄りである。若者たる古人は囚《とら》われることなく、「自由」に選択が出来る。ベートーヴェンはブラームスより自由に曲が書けた。ブラームスはマーラーよりも自由であった。全ての作曲家は、ベートーヴェンの若さを羨《うらや》む。収穫済の果樹園を見て嘆くようなものである。

ここでは、この問題の入口についてだけ考える。先ずは、数学と物理学における自由から始める。数学は概念の殿堂である。故に実在の縛りを受けない。想像力の限りを尽くして、自由に構想することが出来る。論理的な矛盾さえなければ、如何なる内容も肯定される。まさに自由である。

一方、物理学は大自然の検証を受ける「縛られた学問」である。物理学者・ファインマンは、これを「手足を縛られ、手首から先だけが動かせる、その範囲における自由しか我々には与えられていないのだ」と表現し、短く『拘束着《こうそくぎ》を着た自由』と呼んでいた。先ず、既存の物理法則の全てを含む必要がある。物理の法則には、その成立に条件がある。その条件の中で、既にある法則を全て含み、なお新しい知見をもたらすものだけが、新理論として認められる。宇宙の果てから、原子分子の極微《きょくび》の世界の法則まで、これまでに「ある範囲の中で、正しい結果を導く」として認定された理論は相当数ある。これら全ての理論と矛盾することなく、それでいて新しい条件、新しい適用対象に対して、実験で検証可能な値を導く理論でなければ認められない。即ち、古い成功した理論が拘束着の役割をし、手首から先だけで新理論を作らねばならない、ということである。

数学と物理の対比が示しているように、現実に検証を求める全ての行為は、過去に得た結果を再現せねばならない。従って、その意味で私達は自由ではない。元より無制限の自由など、数学などの思弁《しべん》に基づく世界にしか許されていないのである。よって、私達が考える自由とは、多くの場合「拘束着を着た自由」、現実に制限された上での自由である。「この世界に私一人が生きていれば」と考える自由は、脳内で完結すべきものであって、現実の問題を考える場合の自由ではない。

しかし、こうして自由・不自由の問題を考えていくと、**不自由こそが自由の根源ではないか**、と気附かされる。初めに不自由があるからこそ、そこからの「解放」が価値を持つのだと分かってくる。学校という制約があり、教室という制約があり、教科書という制約があって、初めてそこから自由であることの意味が理解される。そして、頭の中で展開された自由の翼は、現実に舞い戻っても、さほど不自由を感じないまでに成長している。即ち、心が解放されれば、現実の不自由すら自由に見えてくる、いや不自由こそ実に愉快《ゆかい》な、楽しみの多い対象だと分かってくるのである。

現実の問題においては、自由など無いのだと知り、自由に考えることなど不可能だと理解した段階で、初めて「本当に自由に考えられる」ようになる。このことさえ理解出来れば、自由・不自由の間で右往左往することなく、自然に頭が働く。「無意味」までが重要な意味を担《にな》うようになる。

現実の自由は「拘束着を着た自由」でしかないと述べた。しかし、就寝時に見る夢こそ自分の意思では変えられない。ならば、夢こそが拘束着ではないか。「夢こそが現実」であり、たとえ僅かでも自らの力で動かし得る「現実は夢」ではないか。誰もがその意に沿って動き出した現実を見て「まるで夢のようだ」と呟く、「人生は夢、一幕の芝居と言うが如し」である。これぞ夢と現実の相《そう》互変換《ごへんかん》、まさに『胡蝶《こちょう》の夢』であろう。夢は制御不能、何が現れるかは予測不能、ハードディスクの再構築「デフラグ」のようなものである。苦しみは夢の中だけに収め、悪夢を現実とみて、現実に夢をみる。これは「夢のような話」ではない、誰もが実現可能な「気持ちの相互変換」である。

◆名前は誰のものか◆

自由について、さらに考えよう。この四半世紀、子供の名前が非常に読み難くなってきた。所謂「難読名《なんどくめい》」というものである。自分の子供の名前だ、どう附けようと親の勝手、「親の自由だ」というわけである。さて、本当だろうか。本当にこれが「自由」なのだろうか。

そもそも自分の名前は、自分のものなのだろうか。先ずは、この問題から考えて頂きたい。

もし、自分の名前が自分のものでないならば、一体それは誰のものか。少し落ち着いて考えれば、名前とは等しく「社会のためのもの」と認識せざるを得なくなる。社会といって大きければ、自分以外の周囲の者のため、彼等が識別《しきべつ》するために存在する一つの記号であろう。何故なら、自分や家族がその名前を呼びかけ、物に書き記すよりも遙かに大量に、世の中にデータとして反映《はんえい》されていくからである。少なくとも量的には、「名前は他者のためにある」と言わざるを得ないのである。

以上のことから、名前は他者が読み易い、発音し易いことが前提になる。出来れば性別も分かった方がいい。読めない名前は、仮名漢字変換をする際に間違い易い。複写する技法に頼ったところで、それには限界がある。間違う確率は圧倒的に増える。仮に正しく記載されたとしても、「所望《しょもう》の読み」は分からない。名簿にフリガナを振る必要が生じ、それがまた間違いの素になる――この場合の「ルビ打ち」は、読み手の語彙《ごい》に資《し》するわけでもなく、一般の益にもなり難いものである。

これは学校現場で繰り返されている悲劇である。新入生の名前が読めない担任は、事前に精一杯の予習をしていく。涙ぐましい努力をされている。しかし、咄嗟《とっさ》に読めない名前も、間違う場合も出てくる。そうすると、「子供の名前を間違うなんて」と親からの苦情が入る。学校はひたすら詫《わ》びるしかない。その結果、教師は萎縮して、さらに間違う確率が増えてしまうのである。

この程度の話なら、本人には実害が無いかもしれないが、事故などの緊急対応時ともなれば、話は全く変わってくる。医師や看護師達は、先ず本人の名前を聞く。しかし、切迫した状況で、特殊な読みや漢字を共有することは難しい。性別の判断が重要な場面もある。また逆に、唯一無二《ゆいいつむに》の名前には、「ネット検索、即本人特定」という生涯に渡るリスクもある。どの方向から考えても、「親の自由」で問題を抱えるのは子供なのだ。いや子供も喜んでいる、誇りに思っている、というのなら、家族の間ではそれで充分だろう。この部分だけ取れば確かに自由であろうが、周囲や社会は名前だけを頼りに、彼等の命や個人情報を守らねばならない時もある。この点にも御配慮頂きたい。

俗に『名は体《たい》を表す』という。『名前負け』という言葉もある。何れにしても、これは大人になってからの話である。子供の名前から滲《にじ》み出ているのは、親の考え方だけである。難読であればあるだけ、当て字であればあるだけ、主役のはずの子供よりも「親の自由」が目立ってしまうのである。「平凡であること」を恐れているのだろう。それもまた自由かもしれないが、名前にしろ生き方にしろ、平凡であることを恐れ、嫌い、形式的なものに頼って非凡《ひぼん》を気取ろうという発想ほど、何処にでもある、実に平凡なものではないか。自由という言葉を使えば使うほど、その人は「何かから束縛を受けている」ことを自白しているに等しい、実に不自由な人だと感じざるを得ない。当然のことながら、我々には「平凡であることの自由」も、「世に出ない自由」も存在するはずであろう。

「平凡が個性的でない」というのも実におかしな話なのである。学校であれ、会社であれ、これだけ個性、個性と叫ぶ人が多くなってくると、逆に大半の人が、その言葉の意味を見失ってしまう。両端を際立《きわだ》たせる「偏差値」を批判しながら、中央に位置する平均もまた、没個性《ぼつこせい》として批判する。「個性的でない個性」を個性と認めない矛盾、それは「ゼロは数でない」とする不見識《ふけんしき》と同質である。

喜怒哀楽《きどあいらく》を表に出さず、淡々《たんたん》と授業に臨《のぞ》んで、静かに卒業していく。そんな学生が大いなる成功を収《おさ》め、充分に個性的な人物であったことを、同窓会で初めて発見する。しかし、彼はなお沈黙を愛し、微笑《ほほえ》みと共に場に紛《まぎ》れている。よくある話である。実は、当人は何も変わっていない。周囲の者がその才能を見抜けなかった、個性に対する偏見が目を曇らせていたということである。

世を捨てず、世から捨てられず、世に迎合することもなく、世の只中《ただなか》にありながら、目立たぬように生きる才人を指して『陸沈《りくちん》』という。海に沈むのは当たり前、「陸に沈む」という不可能をもって、その生き方を表現し讃《たた》えた言葉である。こうした生き方に強い積極性を見出し、憧《あこが》れ、そしてその難しさに嘆息《たんそく》する者のみが、「人の個性の本質を理解する」といえるのではないだろうか。

第8章「思いやりを持て」と言われても

小学校の低学年、あるいは幼稚園時代からだろうか。「相手に対する思いやりを持ちましょう」と教えられる。そして、その指導は中・高・大と進み、社会人になってまでも、あらゆる場面を利用して繰り返される。どんな話からでも、どんな状況からでも、この話に持って行く「達人」が如何に多いかである。勿論、所謂「思いやり」そのものを否定するつもりはない。話し手の「言わんとするところ」は、およそ掴めもする。しかし、それでも疑問符は附く。不思議な気持ちになるのである。**そもそも「思いやり」とは、相手が判断するものであり、こちらが「思いやりだ」と幾ら力んでも無意味である。**「片思いの悲劇」はこうしたズレから始まる。最近では、「暴走する思い込み」が実際の行為に波及《はきゅう》して、犯罪化している場合すら見受ける。それでも、当の本人は、「自分の思いやりが誤解されただけ、何時かは分かってくれると信じていた」と、なおも語る場合が多いのである。

果たして、幼稚園、小学校の時代から、「思いやり」を云々して、それが期待する効果を生むのだろうか。「相手のことを思いやって」という以上、相手を分かる必要がある。「相手の立場に立って」という以上、先ずは「自分の立場」が確立していなければ、相手の揺れ動く気持ちなど分かるはずもない。相手も動く、自分も動くでは何も測れまい。それは大人ですら大難事なのではないか。

また、その「思いやり」が裏目に出た場合、失敗を回復しようと試みる以後の行為が、さらに事態を悪化させる。裏目、裏目が続くのである。これも大抵の大人が経験していることではないか。

善意が悪意に取られ、「余計なお世話」と鬱陶《うっとう》しがられ、親密になるどころか、それを切っ掛けに疎《そ》遠《えん》になる場合も多い。繰り返しになるが、もしそれが可能なら「否定」されるべきものでないことは当然である。しかし、それが容易ならざる行為であり、また一歩間違えば、逆に相手を追い込むことにもなりかねないとなると、もう少し慎重であってもよいのではないかと思う。

何とか力になろうと、相手の気持ちを推《お》し量《はか》っても、実際に言葉にして聞いてみても、相手は本心を明かすとは限らない。強がりも言うだろうし、話をはぐらかして話題を避ける場合もあるだろう。感情的になって、実際よりも大袈裟に話す場合もあれば、嘘すら交《まじ》える場合もある。そうした遣り取りの中で、的確に相手の立場、心情を読み取り、「思いやれる」ものだろうか。大人でも至難《しなん》のことを、子供に期待していいものだろうか。「思いやりを持ちましょう」という指導を否定する人は何処にもいない。全ての大人が賛同する環境の中で、疑問符すら附けない人達の間にあって、子供達はそれを受け入れざるを得ず、苦しい思いをしている。少数ながらそんな実例を知っている。

◆額面通り受け取る◆

諒解不能な相手の心情を、容易に把握《はあく》出来るという前提が間違っている。等身大の自分を見せようとしない相手に対して、それを小さく見積もることも失礼なら、大きく買い被《かぶ》ることもまた失礼であり、危険でさえあろう。そんなことよりも、もっと「言葉」を信頼すればどうだろうか。相手の立場を勝手に空想し、それを自分の力量の範囲で決め附けるのではなく、先ずは相手に「言葉」を求めるのである。言葉で正直に語って貰う。そして、それを「額面通《がくめんどお》り」に受け入れるのである。

過小評価も過大評価もせず、相手の言葉を信じて、その言葉のままを現状だと認識する。「痛い」「辛い」「苦しい」といった言葉を、そのまま自分の「痛い・辛い」に置き換える。「体調が悪い」といえば病院に行くことを勧め、「目眩がする」といえば救急車の手配を考える。もし、こうしたことが広く理解されたなら、誤解も勘違いもなくなる、透き通った関係が築けるのではないだろうか。

　自分の都合を優先して嘘を吐く者もいるだろうが、そんな人は直ぐに周りの誰からも相手にされなくなる。正直だけが価値になり、正直だけが自分の身を護るのである。「嫌い」は「好きの裏返し」などという御伽噺《おとぎばなし》はもう止めにしよう。そんな冷やかしを言う人も、実際にそういう駆け引きを使う人も、「他人の心を弄んでいる」という事実を、もっともっと真剣に考えて頂きたい。

　大学の理工学系学部の基礎教育において、最も重要視されているのは、数学でもなければ物理でもない、「納期」である。高校までとは異なり、科目選択の自由があるため、生活全般に渡って自己の裁量範囲《さいりょうはんい》が拡がるが、実験やレポート提出などを筆頭に、様々な場面で納期の厳守だけは徹底される。これは「小さな嘘は許さない」「是が非でも約束は守る」、そのための具体的な訓練である。

　誰の目にも明らかな大嘘《おおうそ》、大言壮語《たいげんそうご》に心配は無用である。嘘は、小さければ小さいほど始末《しまつ》に悪い。「夢は地球征服」と書いたところで、笑い話で事は済む。しかし、「今何時？」と聞かれた時、朝・夕を違《たが》えれば誰もが気附くが、一時間程度であれば騙《だま》される人も出てくるだろう。それが分だ、秒だという単位になれば、ほとんどの人は疑うことすらしない。それを恐れるのである。小嘘《こうそ》はたちまち『流言蜚語《りゅうげんひご》』にと成長し、人を社会を混乱させる。その言を信じ、それに沿って様々な準備を行い、人を集め、物を集めた全ての計画を台無しにする。安全も安心も、雲の彼方に消えていく。

例えば、鉄道、車両、船舶、航空機といった移動体の設計から製作、運用に一体どれだけの人が関わっているのか、概算することすら難しいが、その中に「一秒や二秒程度のことをうるさく言うな」といった性格の人が紛れ込んでいれば、人命に関わる重大な事故が生じるだろう。**小さな嘘は見逃されやすく、それは堆積《たいせき》し、やがては誰が吐いた嘘なのかも分からない状態で社会に拡がる。**何が何でも、これだけは避けねばならない。そこで、「科学者・技術者たる者は、先ず正直であれ」ということを、納期に代表させて教育しているのである。教官、学生の立場を問わず、互いの発言を「そこに過不足は無く、額面通りで間違いない」と諒解出来る関係を作ることが、科目教育の遙か手前に必要なのである。科学・技術に対する信頼は、全てこの教育理念があってこそ生まれてくる。

◆多数派の言葉を疑う◆

幾ら声を掛けても謙遜か自虐《じぎゃく》か、「あなたとは違って、私は馬鹿だから……」という人がいる。では、「あなたが馬鹿だと分からないほど、私は馬鹿なのか」と訊《たず》ねてみる。「あなたの力量も弁《わきま》えずアドバイスをするほど、私は無能なのか」と聞いてみる。「そんなに侮辱しないでくれ」と畳《たた》み掛けてみる。これは、図《はか》らずもアドバイスをしなければならない側に立った人の「心の声」である。

実際、「馬鹿だ、凡人《ぼんじん》だ」といった要らぬ謙遜は、相手に対して失礼である。本当に拒みたいのなら致し方ないが、「謙《へりくだ》っている」というよりも、拒否の合図と受け取られる。信頼出来る知人、先輩、教師からアドバイスを貰ったなら「私のレベルを全て心得た上でのアドバイスなのだ」と「少なくとも一度」は額面通りに、そのまま受け取ることが大切である。それが信頼というものである。

そんなに簡単に、他者に向けて開放的になれるわけがない、と考える人も多いだろう。正直になれないからこそ、思いやりが必要だと言われるのだろう。しかし、「皆が正直に自分の状況を言葉にして訴え、それを周りの人が真剣に額面通りに受け止めること」と、「無言の中で、思いやりを持った人達が互いに助け合う社会を実現すること」のどちらが容易か、どちらがより現実的か。

子供社会は残酷である。思ったことを直ぐ口にする。そこで大人は「思いやりを持て」「相手の立場も考えろ」と諭《さと》すのであるが、その一方で、大人には真似出来ない子供の正直さが奏効《そうこう》する場面も多い。それは、子供は相手の言葉を額面通りに受け止めるからである。子供同士の会話に微笑ましさを感じるのは、そんな時ではないだろうか。子供は、友達の些細《ささい》な擦《す》り傷さえ本気で心配して、泣き出す場合すらある。私達大人は、子供に向けて「思いやりを持て」と諭すよりも、むしろ子供達からその正直さを、相手の言葉を額面通りに受け止める、その素直さを学ぶべきではないだろうか。

誰も否定することが出来ない言葉は、即ち「多数派の言葉」である。

その意味を問われることも、使う理由を聞かれることもない。疑問を持つことさえ許されない雰囲気《ふんいき》がある。従って、それを使う者を決して脅《おびや》かさない。そこには、極めて安全である。その責が本人に及ぶことが無いことから、果てしなく世の中に拡がっていく。如何にそれが実現の難しいものでも、実際には実現不能の理想世界の話であっても、教育の現場で家庭で会社で、繰り返し繰り返し使われる。そして、そうした言葉によって、本来なら「心配される側」にあるべき人が、その繊細さ故に心を揺さぶられ、「他者を思いやる立場」に追い詰められて苦悩している場合も多い。「思いやり」も単なる合言葉となっては、社会の先行きが「思いやられる」ということである。

第9章　「もてなしの心を持て」と言われても

「もてなし」という言葉にも、「思いやり」と同様の独特の響きがある。何よりも先ず、相手に「もてなし」と気附かれたら、それは既に「もてなし」ではない。実に高度な心理戦である。相手の望むもの、しかし、その場では到底無理だろうという「諦め気分の中」で、突如としてそれが実現する。その時、相手は「もてなされた」と感じるだろう。期待したことが、期待した分だけ実現しても、相手は当然と受け止めるだけである。もし、期待以下なら……

要するに、期待以上の繊細さがあってこそであり、故に評価されるわけである。即ち、それは相手の思いを読み取り、さらにそれを「僅かに超える」気遣《きづか》いのことである。大きく越えると、これはまた相手の負担になる。この「僅かに」という部分に、もてなすことの難しさが端的《たんてき》に現れている。

加えて、もてなす対象は複数の場合がある。この意味で、「思いやり」の複数形だと考えることも出来よう。**一人が多数を相手にする「一対多対応」の立場にあって、なお「一対一対応」だと錯覚させる技術が「もてなし」の基本、接客の基本である。**目の前のたった一人の客のために悠然《ゆうぜん》と時間を使っていると「相手に思わせる」こと、それが出来て初めて難しい問題を話そうという気にもなる。忙しさが顔や態度に出る人は論外である。二言目には「忙しい、忙しい」という人に、誰が難問を持ち込もうとするか。営業も教師も状況は同じである。「一対一対応」という錯覚をもたらす「技術」の要諦《ようてい》は、『一期一会《いちごいちえ》』の精神にあり、出会いの瞬間にベストを尽くす集中力にある。

◆尊敬こそが一流の証◆

そもそも定義の不分明《ふぶんめい》なものに対して、その所属を云々するほど馬鹿げた話はないのであるが、何故か一流、二流、三流といって、そのどれに属するかを気にする人が多い。そこで簡単に、これを定義しよう。先ずは、あらゆる意味で強運が必要な「超一流」から考えることが要領である。

「超一流」を諦めれば「一流」にはなれる。「一流」になるには、ほどほどの運で済む。学問、藝術、スポーツなどで一流になりたければ、人の少ない分野を選べばいい。接客業で一流になるには、相手に「一対一対応」だと錯覚させる、不断《ふだん》の気遣いがあればいい、即ち「もてなしの心」である。

分野の選択と気遣い、この二つに注意すれば、その世界で尊敬される存在にはなれる。尊敬、それこそが一流の証である。こうした選択を邪道だと考える人、好きなことを好きなようにしたい人は、それで結構である。もし、大きな運に恵まれれば「超一流」になれるかもしれない。その確率は極めて低く、ほとんどの人は上手くいかないが、それでも構わないなら、そうしてもよい。

ただし、そこから先は、二流だ三流だという評価を気にしないこと。そこから生じるデメリットを無視すること。生涯に渡って他者との比較から逃れること。これを続け、心の安定を保って生きて行くには、「二流」並の精神的な強さが要求されることを忘れてはならない。従って、独自の強い意志を持たない人は、「良い大学」に入ろうとする。受験で勝ち残ろうとするわけである。

「超一流」とは分野を超えて尊敬される存在である。

「一流」とは、その分野の中で尊敬される存在である。

「平凡」とは、信頼はされているが、尊敬はされていない存在である。

この定義から、如何に「平凡」が難しく大切であるかが分かる。そして、「平凡」が極まれば、信頼は尊敬に変わる。即ち「平凡」が「一流」に変わる。そもそも、一流云々はすべて社会からの評価である。大業績を挙げていても、存命中《ぞんめいちゅう》にそうした評価に至らない人もいる。それが嫌なら、自分で自分のことを一流だと決めて生きればいい。天才だと思ってもよい。公言さえしなければ、何の負担にもならず、反撥を受けることもない。全てを腹の底に収め、真っ直ぐに立つ。誰に認められても、認められなくても、『燕雀安《えんじゃくいずく》んぞ鴻鵠《こうこく》の志を知らんや』「我《わ》が真価《しんか》、我独《われひと》り知る」で充分である。

朝は世界一の賢者《けんじゃ》として目覚め、夜は世界一の愚者《ぐしゃ》として眠る。一日の平均を取れば、これで平凡に収まる。世界一の賢者にも、世界一の愚者にも、比較するべき他者は存在しない。従って、そこには劣等感も優越感も存在しない。絶対的存在には挫折も無ければ、虚栄心も働かない。この逆は悲惨《ひさん》である。朝、愚者として目覚めると陰鬱《いんうつ》になる。夜、賢者として床《とこ》につくと興奮して眠れない。これは平均しても鬱《うつ》に傾《かたむ》く。「朝は陽気に、夜は陰気に」は自然の摂理《せつり》に適《かな》っている。

では、何が平凡か。結局のところ、その「尺度《しゃくど》」は自分で決めていくしかない。そのためには、先ずは物事《ものごと》の「極端」を知ることが必要である。両端を見極めたなら、その間を好きに選べるだろう。

真ん中ぐらいにいるのが平凡である。従って、全体の幅を大きく取れば取るだけ、自由の範囲も、平凡の範囲も拡がり、その結果、平凡に生きられる。頑張ることも、怠けることも、その許容量が大きければ、その日その日で適当な量を選ぶことが出来るだろう。精神的に辛くもなく、肉体的に無理でもない、適切な値を、自分の心持ちに従って選べる。要するに、脳内でのシミュレーションによって、自分を賢者にも愚者にも仕立てて、自己の幅を拡げておくことが肝要《かんよう》なのである。

第10章「劣等感を力にせよ」と言われても

劣等感、俗にコンプレックスとも言われている。これまた小学生に始まり、老人に至るまで、誰もが口にする流行言葉である。何故「流行言葉」というのか。それは本来、自ら「劣等」ということを認めることは、随分と厳しい心理状況におかれることを意味するはずなのに、誰もがいとも容易く、これを口にしているからである。現在、この言葉は本来の意味を離れ、一つの挨拶、即ち謙って自分を小さく見せることにより、人間関係を円滑にさせるという儀礼的《ぎれいてき》な役割を担っている。

その根幹を支えているのが、「誰もが何らかの劣等感を持っている」「劣等感の無い人などいない」という不思議な前提である。残念ながら「劣等感の無い人はいる」。劣等感とは、他者との比較により生じるものであるから、元より**他者と比較して生きていない人に、劣等感は存在しないのである。**

実際に、劣等感などとは無縁の人をこれまで何人も見てきた。それは赤子《あかご》の話でもなければ、容姿端麗《ようしたんれい》にして頭脳明晰《ずのうめいせき》、人柄抜群《ひとがらばつぐん》などというスーパーマンの話でもない。ごくごく普通の人達における話である。他者の目を気にして生きていなければ、劣等意識など持ちようがない、唯それだけの話である。他者の目を意識することから、こうした感情は芽生《めば》えてくる。従って、幼児に劣等感は存在しないのである。ひたすら大声で笑い、泣き、叫ぶだけである。元々無かったものを、何処かで誰かに植え附けられた、それが本当のところであろう。そして、その災いから上手く距離を取って逃げおおせた人達が、こうした負の感情から無縁《むえん》のまま成人して、自由に生きているのである。

進学、就職を控えた学生諸君、あるいは経験者は御存知かもしれない。面接時に、「あなたの劣等感について話して下さい」などという途方もない質問をするところがあるそうだ。劣等感を持っているのが前提のこの問に対して、「私にはありません」と返す勇気を持った人は少ないだろう。そこで、自分の「劣等感探し」が始まるのである。自分をひ弱な善人に見せるために、あるいは世間並みの平均的な人物を装《よそお》うために、こうした愚劣な問に答えねばならぬとは、実に馬鹿げた話である。

◆講演の定番◆

何故、こんなことになったのか。その原因の一つ、非常に大きな要素だと思われるのが、成功者の「劣等感話」である。スポーツにしろ、学問・藝術にしろ、その部門で成功し、活躍を評価されて人前で話す機会を得た人は、その枕に「過去の自分」を引き合いに出し、中でも「如何にして自らの劣等感に打ち勝ったか」という話を好んでされるようである。そうすると、それを聴いている人達は「あれほどの成功者にも、過去に苦しんだ時期があったのだ」と安心し、自らに照らして親近感を覚えるという仕掛けである。これは聞き手に反感を持たせない、非常に効果的な話術であるため、採用する人が多いのである。そして彼等は、劣等感を克服《こくふく》することによって、大きく前進し、今の地位を得たと語る。彼等は言う、「私は劣等感をバネにして頑張った。だから皆さんも、どうか自らの劣等感に屈することなく、それを力に変えてそれぞれの分野で励んで欲しい」と。

まさに満点を附けたい講演のようにも思えるが、誠に残念ながら**「劣等感は力にならない」**のである。それは成功者自らが示している。彼等の多くは、ある部門で成功し、大きな会場で満員の観客を前に講演をするまでになってはいるが、ではその晩年《ばんねん》はどうか。とりわけ、若くしてこうした地位に上り詰めた人はどうであろうか。自ら言うように、「劣等感を克服した結果」、もはや自分を持ち上げる「内なる力」は存在しなくなっているのではないか。誰にも出来ない結果を残した「栄光の挑戦者」が、愉快な講演者に変じて、その「老後」を楽しんでいる。かつては「老人のアルバイト」と蔑《さげす》んでいた人達が、時代が変われば自ら進んでそれをやっている、恥じることもなく。

一方、この矛盾を嫌う人達は、新たな挑戦のために、新たな劣等感を見附け出す。「次はこの劣等感の克服のために頑張ります」と言えば、満場の聴衆は大喝采をしながら、新たなる旅立ちを見守りたいと願うのである。要するに、劣等感の克服を動機附けにする人は、生涯に渡って、これを繰り返す「終りなき苦しみの世界」にはまり込む。そこに逃げ道は無いのである。

そして、何より問題なのは、「劣等感の克服」の果てに辿り着くのは、「他者に勝った」という優越感に過ぎないことである。実際、**劣等感と優越感は紙の裏表**である。劣等感が力になると信じる者は、「何れは俺が上に出る。やがては俺の天下だ」という優越感への渇望《かつぼう》が、その動機の主要部であると考えられる。こうした人間の暗部を、綺麗《きれい》な包装紙にくるんで、小学校でも中学校でも、事あるごとに聴かせ続ければ、ほとんどの子供達が、それに影響を受けるようになるだろう。そして、挙げ句の果てに「自分にはこれといった劣等感がない、だからダメなんだ」と思い悩むようになる。

自らの失敗談を肴《さかな》にして論を進めるまではいい。失敗に挫《くじ》けないこと、その失敗から何かを学び取り、次のステップへと活かしていくことを、子供達に向けて丁寧に話していくことは素晴らしいことだと思う。何より現場で実際に体験した者の話には凄《すご》みがある。この点に関して異論は無い。

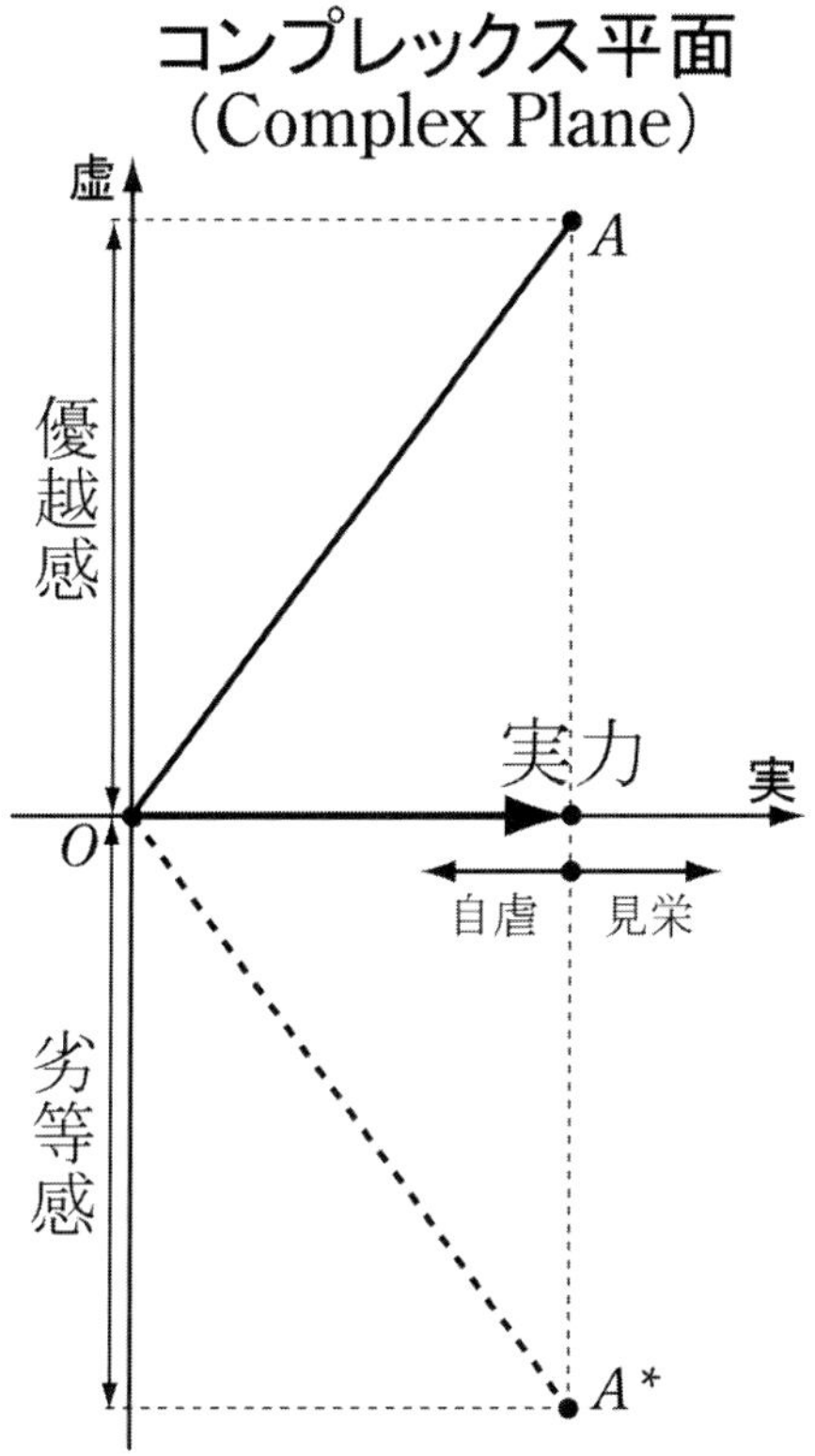

試みに、劣等感と優越感の関係を模擬的なグラフにした。
縦軸に虚なる要素 (劣等感〜優越感) を表し、横軸に実なる要素 (能力) を表した。劣等感と優越感は、横軸を鏡にするように対称に現れ、両者の間をスイッチを切り替えるように往来する。
虚なる要素も考慮した斜めの線 ($\overline{OA}$, $\overline{OA^*}$) は、原点から遠く離れており、如何にも能力があるかの如く見えるが、本当の実力は横軸に映じる影の長さに過ぎない。それより右側に自分を見るのは見栄であり、左側に見るのは自虐である。

しかし、「何度失敗しても決して諦めなかったこと」を話すのに、その前提として劣等感を持ち出す必要はない。仮に、御当人の認識がそうであったとしても、何故「劣等感の克服」などという危ない話をしたがるのか。それは「危ない」という認識がないからであろう。成功者、とりわけアスリートは英雄である。子供達はアスリートの発言を重視する。病気が治るのは、アスリートの励ましである。学者、藝術家には到底この真似は出来ない。それ故に、なおさら慎重であって頂きたい。

学問の世界で名を馳《は》せた第一級の学者にも、日本代表、世界一に輝いたアスリートにも、驚くような劣等感を見せ附けられる時がある。所謂「地雷を踏む」というのだろうか。何が切っ掛けか、顔色を変えて反論してくる場合がある。あからさまに相手を見下した態度に出てくることもある。何を恐れ、何に怯《おび》えて、蠢《うごめ》き出したのかは分からないが、周囲の者を凍り附かせるレベルで、奥に秘めた劣等感を爆発させてしまうのである。本当に意外な人が、こうした醜態《しゅうたい》を見せるものである。

学者の場合であれば、書名を挙げて知識量を誇ってみたり、外国事情を元に持論を捲《まく》し立てたりするのが「定番の絡《から》み」である。不運にも下に置かれた者は、「あなたが思うほど私は馬鹿ではない。しかし自分で思うほど利口でもない。嗚呼《ああ》それが残念だ」と心の中で呟くしかない。過去の実績を頼りに「無分別《むふんべつ》攻撃」に出る人に、常識は意味を持たない。沈黙こそが相応しい回答である。

真の勇者とは、勝利の空しさ、儚《はかな》さを知る者だと考えるが、実際にはそうでもないようである。本人は気附いていないのかもしれない。その場を囲む多くの人も、それほど意識していないかもしれない。しかし、その明らかな狼狽《ろうばい》ぶりは、全てを表している。偉大な業績を挙げた後も、満たされない何かがあるのだろう。その強欲《ごうよく》が、確かに彼等に一流の仕事をさせたのかもしれないが。

第11章 「物より心」と言われても

もう一つ、これもスポーツ系の人達の定番の枕《まくら》に、「親に貰った体だけでやってきました。体だけは丈夫《じょうぶ》、これは誰にも負けない」というものがある。この切り出しで、聴衆の緊張は一気に解れる。会場は微笑みで包まれる。スポーツで名を成した人達が、体力・体質に秀《ひい》でていることは当然の話である。しかし、学者が冒頭で「私は頭だけはいい、これは誰にも負けない」と言ったら、果たしてどうなるか。学者が頭が悪いようでは話にならない。これまた当たり前の話のはずなのに、何故か会場は白けた雰囲気に包まれるであろう。体と頭、その何処にこうした違いがあるのだろうか。これもまた、**蔓延《まんえん》している「作られた劣等感」、その一部を刺激することによるのだろうか。**

そこで、体と心と頭について、その強弱について考えてみる。普通、あの人の「体は強い」、あるいは「弱い」という。心の場合も「強・弱」で表現する。『健全なる精神は健全なる身体に宿れかし』を訳するに、「強い体に強い心が育《はぐく》まれることを期待する」としても、特に違和感はないだろう。

ところが、頭は主に「良い・悪い」という――「弱い」ということはある。しかし、大きな仕事を為した人の「頭の特徴」は、体同様に「丈夫」と表現する方が適切に思える。次々と新しいアイデアを出し、失敗にも挫けず、視点を変えてさらに斬り込んでいく。24時間考え続けて少しも疲れない頭、「丈夫な頭」こそがその特徴ではないか。実際、巨大科学のリーダーを務めるような人は、日々襲ってくる多種多様な難題に対して、的確に対応する丈夫な頭の持ち主が多いようである。

その点、「腕一本」を信条とする職人の講演では、劣等感を動機附けにした話は稀である。勿論、先輩の卓越した技量に絶望し、一時的にそうした気持ちになることはあるだろう。しかし、それは長くは続かず、瞬《また》く間に他者との競争から、自分への挑戦に変わってしまう。物作りは「物」が相手である。如何に立派な名人、達人が側にいたとしても、挑むべき相手は人間ではない。微動だにしない「物」が相手である。情けないのは、その「物」に屈する自分の精神であって、他者との比較による劣等意識ではない。物に対して劣等感を持つ者はいない。優越感を持つ者はなおいない。

呵々大笑《かかたいしょう》であれ破顔一笑《はがんいっしょう》であれ、心の底の底まで透き通ったような職人の笑顔が、時に童子《どうじ》のそれと比べられるのは、こうした理由によるのではないか。「劣等感を持ち、それを克服し、優越感に酔い、再びそこから新たな劣等感を見出して蟻地獄《ありじごく》に落ち込む」というような面倒臭い生き方をしていないからではないか。一つの分野に秀でることは同じでも、それが人間相手の競争の結果なのか、物を相手の格闘の末なのかで、随分と顔立ちに差が出るように思われるのである。『好きこそものの上手なれ』という言葉があるが、この言葉に一番相応しいのは職人の笑顔ではないだろうか。

職人が、その道の第一人者として認められるまでには、途方もない努力、飽きることのない根気、一流の体力、気力を必要とする。逆に、こうした資質を持つ人を指して、職人という名称が与えられるのだと考えてもいいだろう。比類《ひるい》無き技術の獲得を人生の目標と定めた時、人は底知れぬ孤独と共に、日々成し遂げられる成果に、生きる喜びを感じるようになる。それは、技術というものが所詮「無形」のものだからであろう。そこに在るか無いかも定かでない、不定、無形のものを追い求める時、人は本物の孤独に震《ふる》えを覚えるが、同時に、本物の生き甲斐《がい》をも見出すのである。

その結果、他者と争わない性格になる。自分自身の「怠け心」ほどに強力な敵は存在しない、他者と争っている暇《いとま》など無いのである。他者が同じ成功を収めようと収めまいと、それは己の道には関係がない。ライバルの出現は、苦難の道を共に歩む同道者《どうどうしゃ》の出現にしか見えず、心は一切乱れない。そこには、自らの一念を掛けて、是が非でも辿り着きたいと願う「山の頂上」が在るだけで、それを成就《じょうじゅ》するもしないも、唯々自分一人の問題だからである。嫉妬や報復の感情とは無縁の澄み切った世界である。こうして技術の追求は、自分自身の追求となる。無形の技術の追求は、やはり無形の己の心を、何ものかに刻み附ける行為となる。この精神の有り様を『求道《ぐどう》』と呼ぶのである。

人の志の高さは、細かい技術面においてのみ、その正体を見せる。まさに『神は細部に宿る』のである。技術者、職人の誇りとは、自らの分身である「物」を作ること、その手助けをしてくれる道具を愛すること、唯そのことに尽きる。これは、職人が実際に使っている道具を見れば一目瞭然である。およそ一流と呼ばれる人で、道具を大切にしない人はいない。物に対する不断の努力の中にのみ、それに見合う美しい心が存在し、物は必ずやその志に応えるのである。人、道具、物の三者は『渾然一体《こんぜんいったい》』となり、極めて有機的に関係する。何れが欠けてもドラマは生まれない。

◆物こそが心を作る◆

従って、巷間《こうかん》言われるような意味での「物作り教育」なるものは存在しない。在るのは、物との正しい附き合い方を知ること、唯それだけである。そうすれば、後は「物」そのものが我々に語り掛け、指導してくれる。即ち、主・従が逆なのである。物は処理すべき対象として我々の前に存在するのではない、物が教師なのである。かつて「物より想い出」などという浅薄《せんぱく》なＣＭがあったが、こうした発想の根本に垣間見《かいまみ》える「物と心」なる単純至極《たんじゅんしごく》な二分法は、非常に悪質である。「どちらが大切か」と問えば、必ずや「心である」と答えるとの前提から作られている。この問もこの答も、共に人間精神の本質に背《そむ》いている。これに敢えて答えるなら、「心より物の方が大切」なのである。これは詭弁《きべん》でも逆説でもない。物に導かれ、鍛えられてこそ、人の心は育まれるからである。

その心とは何か、自己とは何だろうか。それは、環境により輪郭を結ぶ図（裏表紙）に似ている。物が為す漆黒《しっこく》の環境が、白堊《はくあ》の心を象《かたど》らせるのである。また渦の中心にも譬えられる。碗《わん》の中の珈琲を幾ら混ぜても、竜巻状の渦の中心点は混ざらない。位置は刻々と変化するが、その一点は不滅である。その点こそが自己ではないか。**「ここだ」と事前に特定は出来ないが、必ず存在する「混ざらない不滅の一点」、それこそが「私」であろう。**ならば「混ぜずに見附かる自己は無い」ということになる。動かなければ見附からない点、その発見へと導く鍵が「物との対話」なのである。

結局のところ、体・頭・腕、どれも同じ、何も変わらない話ではないか。多くの失敗から学び、一定の成功を収めた人達の経験談は、唯それだけで拝聴《はいちょう》に値する。それを劣等感なる意匠《いしょう》によって、これ以上陳腐化《ちんぷか》させることがないように、強く希望する次第である。「あなたの劣等感はこれです」と他者が言えないように、劣等感とは自分自身の思い込みである。ならば**劣等感など存在しない**と今日の日から決めれば、その瞬間に劣等感は消滅する。戦う相手が欲しければ、もっと自分自身を見詰めればいい。他者のいない世界、自分一人の世界に劣等感が入り込む余地など無いのである。唯これだけのことで昔に戻れる。あの童子の笑顔を、あなたは取り戻すことが出来るのだ。

第12章「挫折を語れ」と言われても

何々が出来ない、という「奇妙な自慢《じまん》」も世の中に蔓延している。「数学が出来ない」というのは、広範囲に共感を呼ぶ自慢話の一つになっている。初対面でも、先ずこの一言さえ発しておけば、相手の警戒心《けいかいしん》も解け、以後の会話も弾《はず》むということらしい。確かに人間は間違う。しかし、間違えたからといって、その人の人間性が豊かだという訳ではなかろう。ところが、計算間違いをする人は「人間らしい」と好感を持たれ、間違わない人は、そのことにおいて信頼される代わりに、何か冷酷な油断のならない人物のように評価されるのが、一つのパターンになっているようだ。

劣等感と同様に、「あなたの挫折体験を話して下さい」などという面接も罷《まか》り通っているようだ。挫折もまた、自らが決めることである。従って、本人が「無い」というものを、他人が「有る」とは言えない。挫折を知らない人など幾らでもいる。そう感じなければ、それは存在しないのだから、失敗を失敗とのみ捉えて、そこに尾ヒレさえ附けなければ、単なる「失敗談」で終るものであろう。

誰にでも失敗はある、しかし、誰にでも「挫折がある」わけではない。ところが、挫折は文学の格好の題材でもあるため、挫折を感じない人が増えれば、文学者はネタを失う。些細《ささい》な失敗を大袈裟に語る主人公に、自らを重ね合わせる人がいなくなれば、そのキャラクターは生命力を失う。そこで、熱心に挫折の重要性を語る文学者が登場するのである。時代は変わりつつある。しかし、挫折の人気はまだ続きそうである。こうして、「誰にでも挫折は有る、無ければオカシイ」「さあ君の挫折を語れ」という社会的圧力が生じる。結局、自らの失敗を笑い飛ばせる楽天家は、懸命に挫折を探す苦行《くぎょう》を強いられる。探しても探しても、挫折が見附からなかった時、遂に挫折を探すことに失敗し、挫折するのである。そして、「幾ら探しても見附からない絶望に、絶望した」という話になる。社会における「人を類型化《るいけいか》しようという全ての企み《たくら》」が、それを拒む人には圧力となる。劣等感も、挫折も感じない人は、それを持て、それを感じろ、そうでなければ一人前の人間ではないぞ、一人前とは認めないぞ、という圧力の前に晒《さら》され、無駄な煩悶《はんもん》を強いられる。

先に、「劣等感は優越感の裏返しである」と書いた。それは、卑屈《ひくつ》な目をして上を見ているか、怯えた目をして下を見ているかの違いに過ぎないからである。見上げる目にも見下す目にも、人生を真正面から捉える「凄み」は無い。あるのは負の感情の発露としての「濁り《にご》」だけである。どちらの目にも力は無い、そこには他者の姿しか映っていないからである。自分というものが無いのである。従って、劣等感は力にならない。それは、**火事場の馬鹿力のように、刹那的《せつなてき》な爆発力を持っているだけであって、人生を真っ当な方向へと確かに誘導してくれる羅針盤にはならないのである。**

「人を羨む気持ち」と、「人に憧れる気持ち」は全くの別物である。羨む者は、「入れ替えてやろうか」という悪魔の誘いに応じるだろう。一方、憧れる者はこれを拒み、「人に憧れ、人を尊敬することの喜び」を捨てようとはしないだろう。全ては、自己と他者との関わり方に問題があるのだ。人は誰も、「挫折という言葉を知る前は、挫折を知らない」のである。これは笑い話ではない。そうした言葉、概念が外から植え附けられるから、それに照らして「挫折探し」が始まるのである。それが証拠に、子供は決して挫折しない。「負けた」と泣き、「失敗した」と凹《へこ》むだけである。

挫折を経験した人は、「人間性が豊かになり他者に優《やさ》しくなる」というのも、余りにも反例が多過ぎて返事に窮《きゅう》する。しばしば遭遇《そうぐう》するのは、相手の挫折を自分のそれと対比させて、「そんなものは挫折ではない」「そんな程度で根を上げるようでは、とても私の足下にも及ばない」などといって、一向にこちらの辛さを認めようとしない人である。傍迷惑《はためいわく》な人生観である。これは、金銭的な苦労をした人が、類似の境遇に悩む人に対して、必ずしも優しくないことに似ているかもしれない。

大学や企業の面接で、事前に質問を予想をした受験生達が、「かねて用意の挫折話」を繰り広げている様は、実に奇怪である。本人が進んでこれをするならいざ知らず、当たり前のように質問することは止めて頂きたい。逆に、こうした観点から世の中を見直し、その結果、無理矢理に「劣等感も挫折も無い」と思い込もうとする人は、それそのものが虚栄心であり、劣等感に道を通じているので、無理強いだけは止めることだ。「有れば有る、無ければ無い」という自然な感覚でいることが、最も大切である。「なければならない」という現今の風潮が間違っているというだけの話である。

若者に「挫折探しをさせる」ような愚行《ぐこう》は、もう終りにして頂きたい。劣等感も挫折意識も無い人は、屈託《くったく》の無い明るい人であり、失敗をその範囲に留めて、直ぐさま次の手を打てる人であり、本当の意味での大人である。**禅僧を見れば分かる。その理想は「大人の姿をした赤子」である。理性・知性に裏打ちされた「喜怒哀楽の塊《かたまり》」である。**そしてその上で、常に自然な存在であろうとしている。「何もせずとも、そのままでそうなるという生き方」を目指している。失敗は失敗、成功は成功として、そのままに受け入れる。そこに人為的な価値を置かない、それを心理的な負担とはしない。「色々と失敗はしたが、あれはあれ、これはこれ」と平気な顔で生きているのである。

◆平均以下は半分いる◆

それでは、その劣等感は何処から生まれてきたのか。高い地位、大きな業績を挙げた人間でも避けられない、見苦しいまでの狼狽ぶりは、何処に根を張っているのか。本来、悠然と構えているべき人が、予想外の攻撃性を発揮して挑んでくる。地位も業績も遙かに下の者に対してまで、本気で牙をむかざるを得ない心の暴走は、一体何が原因なのだろうか。そのカラクリを探ってみよう。

一番簡単な理由は、どの集団にも「平均以下の者が半分はいる」という現実である。

例えば、東大生の半分は、東大において平均以下の成績である。その中から選ばれた大学院生もまた、半分は大学院の平均以下の地位になる。大リーガーの半分は平均以下の年収しかない。金メダリストの半数は、彼等の集団の中では平均以下の運動能力しかないことになる。学者であれ、藝術家であれ、タレントであれ、全ての人は同じ仕組の中に取り込まれている。どんな英才であっても、一つステップを上がれば下位に低迷する可能性がある。高校時代、学年十位を落ちたことのない学生でも、大学に進めば平均以下、下の層にまでランク附けされる場合がある。前の階層での「偏差値」を云々されても、「今は違うでしょう」ということである。大学以降は、画一化したテストが存在しないので、偏差値を算定することが出来ない、それが「一つの救い」になっている。

この現実は、誰もが知っていることでありながら、心理的には極めて受け入れ難いものとなる。昨日まで首席の座を独占し、誰もが仰《あお》ぎ見る秀才として扱われた人が、一夜明ければ下に人のいない場所に追い詰められる。周りも期待し、自分も期待したその才能は雲散霧消《うんさんむしょう》し、色褪《いろあ》せた過去の栄光になっている。しかし、昔の仲間に会えば、彼等はまた旧《きゅう》のように尊敬してくれる。小さな会社に就職すれば、物珍しさも手伝って過去の栄光が蘇《よみがえ》るかの如くに遇《ぐう》してくれる。上に行けば自尊心が傷附けられ、劣等感が植え附けられる。下に戻れば傷は癒え、劣等感は優越感へと変貌《へんぼう》する。

一般の関心は、組織そのものにあり、その中で占める個人の位置にはない。その気質を利用して、組織の価値を自らの価値にすり替えてきた。しかし、世の中は欺《あざむ》けても、自分は欺けない。その現実が精神を歪《ゆが》め、安定を奪う。一番簡単な構図は、こんなところではないだろうか。それ故に、大学や所属する組織の優秀さを根拠に、尊敬を集めてきた人の内心は、なかなか窺《うかが》い知れないのである。

周りに同窓生がいないと思っていた時には、実に堂々とした態度を取っていた人物が、そして、言葉の端々《はしばし》に「大学名を匂わせる工夫」までしていた人物が、そんな話を聞きつけて、「あれ、君もそうだったの」と声を掛けられた瞬間に見事なまでに硬直し、一人静かにパーティの輪の中から消えていく。同窓生に出会えたことを喜ぶのではなく、同窓生がいないことを期待し、その癖、自分では周囲に「名門の出」であることを連想させようとする。この「精神の歪み」は、やはり半分は平均以下、「その以下に属してしまった」という現実に耐えられなかったためなのだろうか。

大学においても、会社においても、周りを圧倒する輝きを放つ者に対して嫉妬する。才能に対する素直な憧れや尊敬の念は消え、嫉妬、劣等感、そして、それを隠すための虚栄心等々、様々な負の感情に苛《さいな》まれ、そして運命を呪《のろ》う。しかし、よく考えて見れば何が「実力」なのか、明確なものはないのである。ならば「平均以下に属した」ところで、さしたる意味は持つまい。

自分で決める」、これで充分だろう。そもそも「自分で自分の評価が出来ない人」を、他人が評価するはずがない。自分の評価を他人に委《ゆだ》ねている限り、「実力とは無縁の人」なのではないだろうか。

第13章「運も実力の中」と言われても

如何なる努力も如何なる才能も、「運」には勝てない。運の有る無しは、人の生死をも分ける。俗に『努力が運を呼ぶ』と言うが、努力・精進《しょうじん》で何とかなるようなものは、運とは呼ばない。それでも、世の警句は「努力」と共に回っている。これを真《ま》に受ければ、直ちに「運に恵まれないのは、努力が足りないからだ」という話になってしまう。そうして人を追い詰めてしまう。「努力と運」という対立する概念を立てながら、敢えて両者を混ぜ合わせれば、当然それは一つの「圧力」になる。反問することは、極めて容易である。人間の如何なる努力も、一撃で吹き飛ばすのが天災である。その場に遭遇するか否かは、運としか他に言いようがない。これは自明のことではないのか。

あの日、あの時、あの震災・津波のニュースに心を痛めなかった人はいないだろう。多くの人が、今目の前で何が起こっているのかも分からないままに、濁流《だくりゅう》に呑み込まれていった。揺れ続ける部屋の中で生中継される映像を見ながら、あれほど「時よ止まれ」と念じたことはなかった。

自宅の二階で家事に励んでおられた方の御遺体は、太平洋の真ん中で見附かったという。これを「不運」と呼ばずに何と言うか。これを回避出来る「努力」などというものが、この世に存在するか。何事においても周到《しゅうとう》な準備をし、様々な状況を想定して生きる、そのための不断の注意は必要であろう。しかし一体誰が、このような最期を想定出来るというのだ。不慮《ふりょ》の事故、事件に巻き込まれた多くの人の「言葉を失うような不運」を知りながら、なお努力と運を並記する人の気が知れない。

誕生日の一日の差は、運命を分ける。人は自らこれを選ぶことは出来ない。

四月一日と二日、その差は一日、いや日附をまたぐ僅か一秒で学年が異なる。

かつて東京大学の入試が中止された年があった。沈黙の中に浪人を選ぶ者もいれば、他大学に進路を変えた者もいる。当然の事ながら、これは独り東大だけの問題ではない、まさにドミノ倒しの如く、それは全ての受験生に影響を与えたのである。成績上位者が順に下に降りてくる形になるのだから、本来なら志望校に合格出来たはずの人も落ちるわけである。荒れる大学に嫌気がさして、進学を諦めた人も多くいた。一大学の入試、その有る無しが、その時代の全ての受験生の運命を変えた。SF風に言うならば、無情にも「世界線は変えられてしまった」のである。

従って、その後の人生のあらゆる出会いが、別のものになる。入社する会社も異なるであろう、知り合う恋人も伴侶も、また別の誰かになってしまう。暮らす土地も変わり、その結果、天災に巻き込まれる確率も大きく変動する。その元の元は、ホンの瞬《まばた》きをする間、僅かに一秒の違いだけである。このように我々は、人間の「努力」などという微細なものでは、どうにもならない複雑怪奇な世界に放り込まれているのである。それを古来、「運命」と呼び習わしてきたのではないのか。

『運も実力の中』とも言われるが、これは「単なる不運を能力不足」と捨て、「単なる幸運をそれも能力」と拾う二面性を持っている。前者には残酷な、後者には面映《おもは》ゆい、誰の慰《なぐさ》めにも誰の励ましにもならない言葉である。同じ努力を重ねても結果は異なる。僅差《きんさ》の中で蠢く多数の人に順位を附ける時、まさに「運としか言いようがない」基準で判断が下される時がある。それが現実ではないのか。何故、ここまで実力という言葉に拘《こだわ》り、ここまで運という言葉を避けたがるのだろう。

嫉妬心も湧かない途方もない才能というものがある。学問でもスポーツでも、才能、努力、精神、その何れにおいても他を寄せ付けない、時代に一人しかいないと思わせる本物は確かにいる。しかし、彼等ですら運の支配は免れない。ノーベル賞も金メダルも、本来なら貰えたはずの人が貰っていない場合がある。そうして開いた枠を確実に射止めることで、その地位を得た人もいる。

運と努力の関係でいえば、『成功したら運が良かったと喜び、失敗したら努力が足りなかったと反省する』といった警句も、よく引用されている。なるほど、この短い文章の中に、成功・失敗、喜び・反省、運・努力といった言葉が見事に並んでおり、全体として「謙虚でありながら前向き」な印象を与える優《すぐ》れたものである。同種のものであるが、スポーツの方面では『勝って奢《おご》らず負けて腐らず』を座右《ざゆう》の銘《めい》にしている人も多いようだ。こちらも優れた警句である。

このような警句が広く親しまれてきた理由は、その言葉に人生を託した人達が多く存在したからである。小説などで、こうした原則に従って主人公を描けば「魅力溢れるヒーロー」となろう。確かに、それは『言うは易く行《おこな》うは難《かた》し』の英雄的生き方である。だからこそ自戒《じかい》として、あるいは座右の銘として掲げる人が多く、またそれに憧れる人も多いわけである。しかし、こうした生き方は、常に「何が成功で何が失敗か」を意識する必要がある。勝ち負けが明瞭でなければ、奢ることも腐ることも出来ない。逆に言えば、奢りを自省《じせい》している段階で、既に勝負の渦中《かちゅう》にあることになる。

即ち、経営者やスポーツ選手のように、常に結果を問われ、その結果が数値で表されるような分野にいる人に、とりわけ意味を持つものであって、普通の人の普通の生活、「英雄を目指さない人」の日々の暮らしの指針とするには重過ぎるのである。「何が成功か失敗かは分からない」「勝負事には全く興味がない」と考えて生きればいい。結果の如何に関わらず、「運が良かった・悪かった」でアッサリと済ませば、それでいいのではないか。それで充分に謙虚であり、充分に前向きだ。劣等「感」も敗北「感」も、それが「感」である以上、全ては自分の心の中の問題である。「そんなものは無い」と笑い飛ばすだけで、何もかも消えて無くなる。勝とうと思わなければ決して負けない。才能の有無も同じこと。それは神のみぞ知る、自力の及ばぬところである。これで決着が附くはずだ。

ところが、世の中、なかなか平穏《へいおん》には暮らせないらしい。常に闘う相手を求めて彷徨《さすら》う人がいる。頭で勝ちたいのか、腕で勝ちたいのか、地位か金か、その根は何処にあるのか知らないが、やたらに喧嘩《けんか》を吹っ掛けてくる人がいる。こんな相手には関わるだけ無駄である。彼等の多くは「論破《ろんぱ》」という言葉を好むが、それは第三者のみが判定可能なものであり、当事者が「論破した」「された」と幾ら騒いでも、相手がそれを認めなければ全く無意味である。故に「華麗にスルー」で事は終る。

◆運の総量◆

如何なる努力も運には勝てない。しかし、「ならば努力する必要はない」などという低級な話をしているのではない。どんなに掘り起こしても、差という差が見い出せない関係の中でさえ、勝者と敗者が別れるなら、それは個人の問題ではなく、運命だと理解する方が、むしろ合理的ではないかということである。結果の善し悪しが運により左右されるなら、必要以上に喜ぶことも、悔しがることもあるまい。落ち込むことも、挫折だ敗北だと騒ぐ必要もない、淡々と運命を受け入れ、次の機会に「運に恵まれる」ように準備する。人生で最も重要なものは、「無駄を承知の準備」である。

そう考えるだけで、成功者の目映《まばゆ》い光は消えていく。素直に結果を受け入れ、「自分の番が来ればいいな」と思えるようになる。「本当は自分の方が凄い」と見栄を張る必要も無ければ、「上手くやりやがって」と妬む必要も無い。挫折とも劣等感とも敗北感とも無縁に、気楽に暮らしていける。仮に、一生運に恵まれなかったとしても、それは「運命の神の悪戯《いたずら》」であり、自分には何も恥じることなどない、と思えばよい。敢えて定義付けすれば、そう信じて一生涯を誠実に生きること、それこそが人間の実力、本物の力ではないだろうか。「劣等感は力にならない」という所以である。こうした考え方に反撥を感じるなら、運を「出会い」という言葉に置き換えてみれば合点《がてん》がいくだろう。言い換えれば、出会いが無いばかりに葬《ほうむ》られる才能がどれほどあるか、ということである。

そして、意外なことに、「運の総量」は人に依らず、ほぼ同程度だというのが、長く生きた者が総じて持つ感慨である。若い時にそれを使い切った者は晩年運に見放され、運が無いと嘆いていた友人が、何時の間にか大きな仕事を為している。そんな例は嫌というほど見てきた。「これが人生だ」と言わんばかりに、日々見せ付けられてきたのである。『人間万事塞翁《じんかんばんじさいおう》が馬《うま》』とも言うではないか。

勿論、物事には順序がある。必要な時に必要な出会いがなければ、それは叶わない。時を得た運が必要である。三割打者は十回に七回凡退する。しかし、初打席から連続七回の凡退を繰り返す打者に、八回目の機会が与えられるか。よほど選手を見る目に長《た》けた監督でもなければ、八回はおろか、四打席目も危ういであろう。平均的には同じ結果でありながら、初打席にヒットを打てば、続く七連続凡退も大目に見られる。そして、最後の二打席に安打を放ち、その居場所を確保するわけである。同じことを実現しても、どのタイミングでそれが為されるかで、結果が大きく違ってくる。

十年間に一日しか休まないサラリーマンの鑑《かがみ》も、その一日が入社初日であった場合、長きに渡って要注意の目で見られるだろう。何があっても出勤してくる信頼のおける人物とは見做《みな》されないだろう。全く同じ割合であっても、結果は大きく異なる。こうしたことの運・不運が、先の人事にも影響するのである。それでも十年を単位とすれば「運の総量」、その確率は変わらない。

管理職は、本来こうした人の運・不運をきちんと見抜いて、その人物の本当の中身を評価しなければならない。「あれは、たまたま入社日で社長の訓示があったから目立っただけで、彼の責任感が人一倍のものであることは、その後の十年の皆勤《かいきん》が示している」と評価すべきなのである。しかし、そんな上役《うわやく》に恵まれるか否か、そこにもまた運が附きまとう。それも運、これもまた運である。『吉凶《きっきょう》・禍福《かふく》は糾《あざな》える縄の如し』である。何が良いか何が悪いか、そうそう簡単に分かるものではない。幸も不幸も、運も不運も混じり合い、溶け合っている。これまた不可分一体のものであろう。一番健康な方法は、「運の総量は同じだ」と割り切ることである。そして、この運という奴は、人間の努力精進をあざ笑うかのように気まぐれで、どうにもならないものだと諦め、平気な顔で日常の生活を続けることである。「運を呼び込むまでの努力」などという途方も無いものは存在しない。存在しないからこそ、「努力」にこれ以上の期待を掛けずに、淡々と日々の営《いとな》みを続けることである。

才能や努力は、「宝籤《たからくじ》の当選確率を上げる」ことにしか貢献しない。本当に当たるか外れるかは、運により決まる。従って、努力の過程を自らが評価しない限り、全ては空しくなる。本来、努力とは結果と無関係にするものであって、「当選を目指す努力」は努力ですらないのである。**人生において「自分を高める」こと以外に関心を持つと、大きく運に依存することになる。**これが結論である。

第14章 「何事も経験だ」と言われても

経験は貴重である。しかし、「何事も経験しなければ分からない」とまで話を拡げられると、それは嘘になる。世に蔓延《はびこ》る極論の一種に落ちぶれる。古《いにしえ》の昔より、多くの人が毒キノコを食べて亡《な》くなった。それは個人にとっての悲劇である。その悲劇を、我々は教訓として受け継いだ。毒キノコは食べなくてもいい、経験しなくてもいいのである。このような経験の集大成が人類全体の文化となり、知恵となった。経験しなければ分からないことも、しなくても分かることもある。しなくていい経験まで強要されるのは、「毒キノコを食え」と迫られることに等しい。これは知恵の否定である。

『日のあたる所にはきっと影がさす』というのは、先人の知恵である。大波乱の人生を望む者はよし、望まない者もまたよし。感受性の強い者は、他者の失敗に敏感である。鑑識眼《かんしきがん》に秀でているため、何もかもが「毒キノコ」に見える者もいる。一般には毒でないものでも、毒になる体質を持った者もいる。『食わず嫌い』は罪ではない。拒否は拒否として、一つの見識である。「人生何事も経験だ」と主張する者は、何故「経験不要のものがあるという事実」を尊重しないのか。孤独の中に暮らしたこともない人間が、何故それを経験しようとしないのか。何事も経験だといいながら、何故「経験しないことも一つの経験だ」と認めないのか。ここでも「ゼロは数ではない」様子である。

「何もしたくない」と言い張る強情は取り柄である。拒否は見識である。強情は内心の問題である。他者には関係がない。即ち、そこには優越感も劣等感も存在しない。挫折も虚栄も存在しない。

ならば、強情は仕事になる。強情から何かが湧き出る。「何もしたくない」人間は、実は「達人」と紙一重《かみひとえ》の場所にいる。負の感情から遠く離れ、確かな足跡を残せる場所に近い。弱点、欠点を武器に出来る。それを長所として、心穏やかに生きることが出来るのである。「何もせずに何が分かる」と叱責《しっせき》されても、「外面的な動きだけが経験ではない」ことを知っている人には、内的な経験の意味を知り、それをまさに経験している人には、誠に余計な御世話なのである。

確かに実際的な経験、具体的な経験には重みがある。しかし、その経験も時の流れの中では朧《おぼろ》になる。跡形《あとかた》も無く消え去ってしまうこともある。経験の中身が問題である。その質が問題である。人は忘れる。「あれほどの事を」と思うことでも、アッサリと忘れ去ってしまう。そして、人は間違う。折角の経験も記憶違いとなって、自らの行動の足を引っ張る場合もある。一部の経験を元に全体を推し量って、大きな失敗をしてしまうこともある。出来ないことの言い訳にも使ってしまう。

何故か笑顔で、「食わず嫌いはいけない」と迫ってくる人がいる。「食べたからこそ嫌いなんだ」と応じても、「一度や二度では分からない」と、なお追求の手を緩《ゆる》めない。経験という言葉を基にした、この種の無意味な議論の応酬《おうしゅう》に辟易《へきえき》された「経験」は、誰にでもあるのではないだろうか。

◆人は忘れる◆

毎日の経験の積み重ねが技を磨く。藝術家でもスポーツ選手でもない、ごく普通の生活の中においても、繰り返される「身体運動」は、確かにその技量を研ぎ澄まされたものに変えていく。例えば、箸《はし》の使い方、ペンの持ち方などである。長年の経験の集積は、癖《くせ》と呼ばれる個人的な特徴を作り出す。そして、人は「癖は直らない」という。「これは癖だから仕方ない」と諦める。

箸の使い方の拙《まず》い人は、食事をする姿が美しくないといわれる。ペンの持ち方一つで、手首の疲労度は大いに軽減されるといわれる。だからこそ、アドバイスをする人が後を絶たないのである。しかし、本人は「これは癖だから」と諦め顔である。如何にも内心の問題に踏み込まれたような、不快感を露わにした表情で応じる人もいる。果たして、本当に癖とは直らないものなのだろうか。

ピアニストは毎日毎日、数時間をピアノの前で過ごす。十時間に及ぶことも決して稀ではない。バレーダンサーも、柔軟体操を欠かす日は一日も無いといわれている。各分野の「職人」と呼ばれる人も同様である。何故か。腕が鈍《にぶ》るからである。体が硬くなるからである。さてさて、物心ついた頃から、こうした基礎訓練を一日たりとも欠かさなかった人達の発言を、逆に辿れば如何なる結論が導かれるか。一日でも練習を怠れば、「体が大切な経験を忘れる」ということである。プロ中のプロであってもそうならば、特殊な訓練を経ていない人にとっては、ホンの数日の空白で充分に「悪い癖は忘れることが出来る」のではないか。三日もパン食を続ければ、箸の持ち方もリセットされるのではないか。読書三昧でペンを放り出せば、また新たな自分に出会えるのではないか。

どれほど厳しい訓練を課しても、人は忘れるのだとしたら、直らない癖など何処にも無いはずだろう。経験を如何に重要視しようとも、日々それを更新し、確認していかなければ、まるで伝言ゲームのように、その中身は変質してしまうのである。ならばこの弱点を逆に利用しよう。そうすれば軽微な癖など、ホンの数日で直せるはずだ。経験に極端なまでに信を置く人にも、記憶であろうと身体的な訓練であろうと、「人は忘れるのだ」ということを冷静に考えて頂きたいものである。

第15章「好きなことを探せ」と言われても

この台詞なども、講演でよく用いられるものの一つである。「好きなものを見附けて、それに向けて頑張っていく中に、自然に道が拓けてくるものです」などといわれる。否定はしない。確かにその通りである。しかし、その「好きなものが見附からない」から、多くの人は苦労しているのである。

そして、遂には「好き」という言葉の意味すら見失う。元より「好き」の意味など一度たりとも分かったことはない、と落ち込む。そんな人に向けて、上から覆《おお》い被《かぶ》さるようにして、「好きなものすら見附けられないのか」と罵《ののし》ってくる。まるでこちらに非があるかのように責め立てる。これはまさに圧力である。講演だけではない、学校で家庭で、執拗《しつよう》に問われ続けてきた人も多いだろう。

この辺りの話は因果関係が逆転しており、非常に面倒である。**元々人間は、「一所懸命に取り組むと、それが好きになる」という性質を持っているようだ。**だとすると、「好きなものを見附けて頑張る」という話は全くの逆さまで、偶然であれ強制であれ、何か一つのことに熱中した、その結果を見なければ、好きなものなど永遠に見附からないことになる。成功者達は、幼児期にこれを見出した人、あるいは上手く誘導された人が多い。スポーツや藝術などは特にその傾向が強い。

そうした人達は、多少の反撥をしながらも、親や環境が強引に引いたレールの上に乗った場合が多いように見受けられる。「泣くほど嫌いだったが、毎回ケーキをくれるのが嬉しくて通っていました」という人も、「意味も何も分からないが、舞台の上で御辞儀《おじぎ》をしてこい、と家族全員に言われ、突き出されたから、そうしていただけ」という人もいる。勿論、何かの偶然で、興味のある対象を自ら見附けた人もいる。しかし、その場合でも、実は親が周到に「偶然」を仕組んでいた場合もある。親の強制が見えたか、見えなかったかの違いだけという場合も多いのである。この「偶然を装う」という繊細な配慮は、親であれ教師であれ、教育に関わる者に絶対必要である。全てを心得た**上で、まるで初見のように学習者と驚きを共有出来る人だけが、教育を可能にするのである。**

　そうした環境になかった人の場合、あるいは、環境はあったけれども、強く拒否してしまったがために、親がそれ以上の無理強いをせず、諦めてしまった場合などでは、好きなものの発見は大きく遅れ、所謂「物心つく前から」という話にはならなくなる。そして、「好きなものが見附からない、好きなものが見当たらない」という展開になってしまう。「好きなものは何か」「趣味は何か」「特技は何か」と、次から次へと繰り出される挨拶《あいさつ》代わりの連打を浴びて朦朧《もうろう》としてしまうのである。

　こうした人は、悪辣《あくらつ》な人間の餌食《えじき》になり易い。心の底では、好きなものを見附けることを渇望しているため、誰かが助言してくれることを待っている。不徹底なレベルではあっても、それを見附け出そうと懸命に試みている。しかし、強制力が働かない状況では、最初の一歩が踏み出せないままに、鬱屈《うっくつ》した気持ちだけが溜まっていく。その心の隙に、附け込もうとする集団が湧いてくる。

　彼等は、理不尽《りふじん》な強制力の下で、「偽装された感動体験」を演出する。これは先の教育的配慮とは似て非なるものである。その結果「偽のエウレカ」「偽の我発見せり」が起こる。こうした手法に騙されるのは、熱中することが出来るものを見附けたくて、日頃から悩んでいる人に多いのではないだろうか――『ココロの隙間、お埋めします。御代は一切頂きません』は悪魔の誘いと心得るべし。

だからこそ、こうした人達に「好きなものを探せ」と何度言っても空回りに終るのである。子供達に家事を分担させる機会が減れば、それを自然に見附けるチャンスも失われる。二世代ほど昔は、家庭の中で料理や裁縫《さいほう》、家具の修理や工作などに、半強制的に取り組まされている中に、突如として深い内容に関心を持ち出したり、派生的な作業に熱中するようになったものである。時代が変わり、そうした機会が減ることに対応して、「好きなもの探し」の圧力はより増したのかもしれない。

しかし、ここで重要なのは「**好きなものが無くても、熱中出来るものが無くても、存分に生きていける**」ことである。実際、そんな特別のものはない、と言う人は多い。別にそれで困っているわけでも、好きなものがないからダメだと落ち込んでいる風でもない。淡々と日々を過ごしている。そして、御本人の自覚がないだけで、実は色々なものにかなり熱心に取り組まれている場合も多い。講演などで煽《あお》られ、学校で先生に言われ、入試や入社の面接でも、否応《いやおう》なしに聞かれるから、「何か話題を作らねばならない」という強迫観念に囚われて、真正直《ましょうじき》に「好きなもの探し」を始めるのが定番の筋書きであるが、特殊な職に就くことを希望しているのでないのなら、「世の中のことに満遍《まんべん》なく興味を持っている、これといって好きなものも、特技もありません」という回答も可能であろう。

実際、社会で求められている人数は、特定分野のスペシャリストよりも、見渡しの利くジェネラリストの方が多いはずである。「何か一つ専門分野を持て」とか、「得意分野を持て」とか言われても、そう忠告する人自身が、本当にそういうタイプの人であるか否かで、話は随分と変わってくる。通り一遍《いっぺん》の簡単な仕事を熟《こな》しただけで、「自分はこれが専門だ」と錯覚したりする人よりは、広く浅く全般的に見渡している人の方が、実務には長けているし、信頼もされているものである。

◆切磋琢磨の理想と現実◆

年齢や能力の如何《いかん》を問わず、同じ立場に置かれた者達が競い合い、励まし合って共に高みを目指すことを『切磋琢磨《せっさたくま》』という。仲間は師であり同時に弟子である。この「教える・教えられる」という互いの立場さえ刻々《こくこく》と入れ替わる「攪拌《かくはん》された場」において、「教えることは学ぶこと」という教育の神髄が体現《たいげん》され「良貨《りょうか》は悪貨《あっか》を駆逐《くちく》する」。即ち、集団の平均値は高い方に振れるのである。そして、親や教師が脇を固め「攪拌棒」の立場に徹した時、この環境は長く維持される。**これが「寺子屋」あるいは「塾」が理想とした教育の姿である。この環境において人は大きく育つ。能力別・習熟度別の枠組は、人を確実に成長させるが歩幅は狭い。劇的な飛躍は「混ぜた場合」のみに起こる。**

競争を嫌う人でも、切磋琢磨まで忌避《きひ》する人はそうはいない。しかし、これは冒頭の「共に高みを目指す」ことが必須《ひっす》の条件であり、集団の中にこの条件に外れた者、一人勝ちを目指す者が出てくると、全ての共同作業がギクシャクとした嫌なものになる。何しろ、世の中には「馬鹿にしながら嫉妬する」という特殊攻撃を得意とする者もいるのである。これは「競争から降りた人」にはよく分かる。実際に経験された方も多いのではないだろうか、「いいよなオマエは気楽で。俺達はな……」とネチネチと絡んでくる輩《やから》である。こういう台詞で、相手を侮辱することが快感なのだろう。「恐らくは、いじめ事件の主犯格などに多く見られる性格ではないか」と妄想してみたくもなる。

この「特殊攻撃」の分析してみると、「本音の直ぐ側にある」ことが分かる。優越感に浸《ひた》り、言葉の限りを尽くして侮辱しているのであるが、実際には、自由に生きている相手に対する羨望《せんぼう》が見え隠れしている。自分も降りられるものなら降りたいのだが、その勇気がない、その環境にないことに苛立ち、それが劣等感へと変質しているのである。この種の人間に絡まれると大変である。「逃げろや逃げろ」であるが、それでもなお追い掛けてくるから始末が悪い。何故、追い掛けてくるのか。それは自分の優越感を満たす対象として確保しておきたいからである。そして、それが直ちに劣等感に変質していくが故に、「仲間に入れて虐《いじ》める」という最悪のパターンになるのである。

もう少し「実利的な悪人」は、自分より劣った相手を利用する。例えば、自分より明らかに弱く、戦闘意欲の無い人間を八人集めれば、力士なら十五番勝負を勝ち越せる、それで自らの地位は安泰《あんたい》である。このタイプは「既に降りている人」を見附けて、競争のメリットを説いてくる。「君ならやれる」と励ましにくる。「こんな下らない本など捨てて、もう一度現場復帰しよう」と唆《けしか》けてくる。

上下関係の厳しい組織に下働きとして取り込まれる人は、こうした「勧誘」に応じた場合が多いようだ。大学でも会社でも甘言《かんげん》を弄《ろう》して、「自分より劣った者を集め、周囲に防御壁を作ろう」とする者は実に多い。「才能を見込まれて就職した」つもりが、実際には安い手駒《てごま》として確保されたのかもしれない。「うまい話」には御用心、「いきなり抜擢《ばってき》」には御用心ということである。

この種の手の込んだ手口を見抜くことは、非常に難しい。相手の良心を疑うことは、何より辛いものである。既に多くの読者が感じておられるように、如何に自分を護るためだとはいえ、相手の言葉の裏を探っている自分が、汚れているようで嫌なのである。そうした気持ちの動きが、既に不愉快なのである。繊細な人は、こうしたことでも俗に言うところの『自己嫌悪《じこけんお》』なる心理状態に陥るかもしれない。こうした心理に落ち込まないためには、「侮辱されるのも、持ち上げられるのも共に御免だ」という感覚を持つしかない。それ即ち「他者との競争から降りる」ということなのである。

第16章「好き嫌いをなくせ」と言われても

要するに、好きなものが無くても結構、あればなお結構というだけの話である。専門性を競っても、上の集団に行けば「平均以下」に振り分けられる可能性もある。自分では「得意だ」と思っていても、御題目《おだいもく》だけの専門性では元より競争には勝てないのだから、他者からの評価も吟味《ぎんみ》して、そうした方向を狙わないことも一つの戦略、知恵になるだろう。取り立てて好きなものも、得意なものも無く、専門性など持たなくても、第一級の仕事をする人はいるものである。学校は「無限の可能性」を云々する前に、「有限の処理」を、「具体的な人生の処し方」をもっと紹介すべきであろう。

◆先ずは嫌いなものを探せ◆

それでもやはり好きなもの、熱中出来るものを見附けたい人は、先ずは嫌いなものを列挙《れっきょ》することから始めよう。大抵の人は、嫌いなものなら山のように出てくるはずである。働くことが嫌い、人附き合いが嫌い、暑いのも寒いのも嫌い等々、何でもいい。とにかく、これは嫌い、これはやりたくない、というものを書いていけば、自分の性格が見えてくる。そして、そのリストから外れたものを探すのである。「**自分の嫌いなことはしない**」というのは、**それはそれで立派な見識である。**それで何処まで押し通せるか、それを押し通すために何を我慢《がまん》するかで、方向性が見えてくる。我慢出来るものは好きになる、熱中することが出来る「可能性がある」ものである。それを探そう。

その昔、武士達は、卑怯《ひきょう》なことはしない、未練《みれん》がましいことはしない、弱い者いじめはしない、前言撤回はしない等々、「絶対にしない」「してはならないこと」を徹底的に教育された。俗に帝王学と呼ばれる後継者育成の指針も、このように、「してはならない決め事」が強く意識されており、それに従うことで、人格の中心を形作りながら、その他のことに関しては本人の判断に任せる、という幅を持たせたのである。こうした手法により、代々続く伝統を守りながら、一方で個人の個性を尊重することも出来たわけである。孔子《こうし》は『中庸《ちゆうよう》』を説いた、それが無理なら『狷者《けんじや》』がよいとした。何事にも偏らずに生きていく中庸は至難である。ならば「他人がどうあろうと、私は絶対これだけはやらない」というものを持って生きよ、と諭した。これが狷者である。

酒は飲まない、煙草は吸わない、賭け事はしない、ゴルフもテニスも興味が無いという人を、「附き合いの悪い奴だ」と切り捨てることは容易である。これに反して、「それは一つの見識であり立派なものだ、彼は狷者だ」として、別の応援を探るのが大人の態度である。しかし、これは他者に求めることではなく、自分への戒めとすべきものだろう。それほどに、「大人」は少ないのである。

それから、もう一つ知っていて損の無いことは、「必ず成功する方法は無いが、必ず失敗する方法はある」ということである。ようやく面白そうなことを見附けた、しばらくこれをやってみよう。さて、どうすればいいか。そんな時は、「促成栽培《そくせいさいばい》」を標榜《ひようぼう》するハウツー本や資料に頼らずに、よりレベルの低い方向を目指して順に戻ることである。その意味で、たとえば数学や理科ならば、最も教材が充実している小学生用のものにまで戻れば、大抵の疑問は解消するだろう。何かスポーツを始めたい、楽器を習いたいという人も同様である。子供向け教材が一番正直に書いてある。

それらを読めば、「これをやると失敗するな」「上達しないな」という方法が分かってくる。ハウツー系の本は、必ず成功するが如くに書いてあるが、それは株の儲け話と同様に……である。底まで降りて失敗する方法を学び、それを避けながら自分の方法を編み出していく手法が一番確実である。

これに関連して、書店での本選びも、本を最終頁から捲《めく》っていく方法が効果的である。何処まで戻れば自分の知っていることが出てくるか、理解可能な話が出てくるか、それを知るためには逆順がよい。パラパラマンガを見るような速度で、何度も繰り返し全ての頁を捲るのが要領である。こういう目の通し方をすると、本全体の構造が自然に頭の中に入る。買うべき本か否かが瞬時に判断出来るようになる。また、大部の本の場合には、逆順に読むことで、取り敢えず「最後まで見た」という心の余裕も得られるのである。途中で息切れしない読書法としても、逆読みをお勧めする。全頁に手垢《てあか》が附けば、最初から読み直しても、「先が長い」と嘆くことはなくなるだろう。

◆「無い」と「ダメ」は違う◆

全く同じ意味で、「目標を持て」「目標が無ければ頑張りが利かない」と言われても、何の目標も無しに生きている人は幾らでもいる。実際、そんなに目標が重要なのだろうか。

五輪を目指す人は、数年後の何月何日に試合が始まるかを知っている。よって、それを「目標」に体調を管理する。明確な目印がそこにある以上、全てはそれに向けていく必要がある。社会にもまた規定のスケジュールがある。学校も会社も、少なくとも年単位の行事予定は組まれている。受験生なら三年後、二年後、そしてその年と、予定表を書いて日々の暮らしをそれに向けて調整する。

目標設定が好きな人は、人生のあらゆる場面を事前に想定する。大学に合格すれば会社への道を描き、入社に際しては後の人生設計を手帳に記し、社内では専門資格を取ることを毎年の目標に掲げ、家庭においては、家族の構成や家の購入など、細かく予定を組んで、それに沿って動こうとする。

これが不得手《ふえて》な人は、目標を立てないことを目標に、流れるままに生きている。しかし、四季の変化があるように、仕事にも生活にも穏やかな春もあれば、厳しい夏もある。夏が過ぎれば秋が、そして冬の時代もやってくる。そうした中で、変化に柔軟に対応出来る人は、細かいスケジュール管理を得意とするタイプではなく、流れに身を任せるタイプの人が多いようだ。具体的な目標を立てない、目標を持たないからといって、デタラメにその場しのぎで事に当たるというわけではない。

実際、幾ら詳細な予定を組んだところで、現実はそう易々とそれには乗ってこない。個人であれ、組織であれ、天気次第でダメになる「予定」など幾らでもあるだろう。従って、日々予定を更新し、新たな現実に沿わせて行かねばならない……となると何のことはない、これでは特段の目標を持たず、現実に対応して、その場その場で判断している人と、さほどの違いはないではないか。

要するに、これもまた言葉だけのもの、所謂標語、キャンペーンの世界の話なのだ。皆さん目標を持ちましょう、計画を立てましょう、その方が便利ですよ、遣り甲斐がありますよ、管理し易いですよ、といった言葉の遊びなのだ。勿論、これもまた個人の判断に属することである。目標を立てるのが好きな人は、精一杯にその効果を活用すればいいし、嫌いな人は自分の反射神経を信じて、軽妙に身を処していけばいいだけのことである。「好きなものが見附からない」「私には何の目標も無い」「だから頑張れない」「これではダメだ」と落ち込むことだけが無意味なのである。

そもそも、「好き嫌いを無くせ」「好きなものを探せ」という二つの主張は、矛盾していないのだろうか。もし、世の中の全てのことに対して、「好き・嫌い」が無くなれば、それらが持つ特徴は共に消えてしまう。山を削って得た土で、谷を埋めてしまえば、そこは何の特徴も無い単なる「平地」に成り果てる。満点もいなければ、零点もいない、全ては平均50点の世界である。そんな世界で何を頼りに、何を選べというのだろうか。**不得手あってこその得手ではないのか。好き嫌いを無くしたその上に、さらに「目標まで立てる」となると、その目標たるや一体何処を向いているのやら。**

『得手に帆を揚げる』という言葉もある。好きなものが無い、得手が無いという人は、先ずは嫌いなもの、不得手なものを探さねばならないのに、「嫌い」を嫌って遠ざけるようでは、もはや羅針盤を失ったも同じである。帆を揚げる向きも定まらないだろう。警句の矛盾、圧力の方向音痴である。

しかし、「圧力」はそう簡単には凌《しの》げない。その本質は、「事実と評価の区別をしない」ことから生じている。いや、意図的な混同から生じているからである。例えば、「数学が出来ない」との評価の裏には、「テストで零点を取った」という事実があったかもしれない。しかし、事実と評価は別物である。「零点であった」という事実と、「数学が出来ない」という評価はイコールではない、直接的には結び附いていない。「出来るか・出来ないか」には、別の判断基準もあり得るからである。

「好きなものがない」という事実と、それが「無いからダメだ」という話も同様である。目標に関しても全く同様。入学試験に「不合格であったという事実」はあっても、それをもって「ダメだ」と表現する理由にはならない。会社のノルマを果たせなかったからといって、それは単に「未達成」と表記されて、給料が下がるだけの話であって、「ダメ」という話にはならないのである。

◆心の最深部を護れ◆

何故なら、好きなものが無くても、毎日を活発に暮らしている人はいるし、受験した全ての学校に不合格であったとしても、前年には全く同じ成績で入学した人もいるかもしれない。来年には、本人がそうなるかもしれない。ノルマを果たせなかったといっても、次期に大きく飛躍が望める状況を作った人もいれば、親戚《しんせき》、友人、知人を総動員して、その場を凌いだだけの人もいるだろう。

そこに起こった現象、事実と「ダメ」の間には、非常に大きな隔《へだ》たりがある。しかし、本人がそれを口にすると「言い訳をするな」と叱責される。事実を言うと怒られる場合がまま見られるのが、この世の悲しいところである。しかし、言い訳と解釈されようがどうしようが、事実は事実であり、間違っているのは、感情に溺れて問題の本質を精査しようとしない側なのだ。一つの事実を根拠に叱責され、同じく一つの事実を根拠に説明すると、それは「言い訳だ」と批判される。それが「事実の正体」である。よって、自ら進んで「自分にダメの烙印《らくいん》を押す必要はない」のである。

恐らくは、「言い訳が多い」と言われ、「反省が無い」と受け取られ、「開き直っている」と嫌われるだろうが、全てはそれが顔に出るか否かだけの問題であり、「顔面の筋肉操作」を覚えれば回避可能である。相手を騙せ、口だけ合わせておけ、と言っているのではない。事実と評価を混ぜ合わせて、勝手な烙印を押されることを、自分の心の中だけは許すな、と言っているのである。心の中で「不同意だ」と呟けばいい。**本当に護るべきは世間体《せけんてい》ではない、自らの心、その最深部である。**撥《は》ね除けるべきは、即座に撥ね除けなければならない。たとえ僅かでも体内に入れてしまえば、傷口が化膿する。悩みの深さは、それに関わる時間で決まる。即時対応、即時排除が必須である。

第17章 「これは事実だ」と言われても

受験で成功するには、「出題者の意図《いと》を読む必要がある」と、教師も予備校講師も力説する。極めて当たり前な、それ故に実践的な指導である。しかし、その意味を理解出来ないからではなく、敢えて読まない、という拒否派も必ずいるのである。本当の正解を考える前に、出題者の誘導に乗る不純を拒む者もいる。その小賢《こざか》しさに辟易する者もいる。そうした中にも、知力に優れた者はいる。「出題者などいない未知の難問」に取り組む際には、そうした拒否派が力を発揮する場合が多い。

「二本の線は交わっている」と声を挙げる者がいる。「これが証拠だ」と交点を指差《ゆびさ》す者がいる。しかし、一つ次元を上げて眺《なが》めてみれば、それは「互いに捻《ねじ》れの位置」にある。平面上の影は交わっていても、三次元では交わっていない場合があることは、日常生活の中でもよく体験するところである。例えば、地面に映《うつ》るジェットコースターの線路の影を見れば、様々なところが尖《とが》っていることが分かるだろう。しかし、実際の線路には尖ったところなど一箇所《かしょ》も無い、全ては滑らかなはずである。何故なら、もし尖った部分があれば、そこから客車が外へと飛び出してしまうからである。

要するに、二次元の影と三次元の実体では、存在する「次元が違う」わけである。そして、学問・藝術の世界では、これに類した「次元の違う話」が様々な形で出てくる。僅かな色の違いを画家は見逃さない。同じ墨《すみ》の色を見ながら、違う答が返ってくる。音楽家は、何重にも重なった和音の違いを直ちに見抜く。彼等は、「上位の世界」から対象を観察している。だから、間違わないのである。

◆事実と真実と◆

本物と偽物《にせもの》を見抜くには、常に次元を上げて見なければならない。低次元に留まって、「交わっている、ここに証拠がある」と騒いでも、高次元の視野を持っている人からみれば、誠に馬鹿馬鹿しい限りなのである。これがあらゆる真贋《しんがん》評価に対する基本的な姿勢、その前提でなければならない。

要するに、事実とは確かにそこで起こったことの記録ではあるが、謂わば一つの「点」に過ぎないのである。点は位置を示すだけで、大きさも方向も持たない。勿論、それが事実か否かは重大な問題であり、疎《おろそ》かに出来るはずもない。点は点として、その存在を確かめる必要がある。事実無根《じじつむこん》は議論以前の問題である。しかし、僅かに一点を見出しただけで、全体が理解出来るはずもなかろう。

二点あれば線が引ける。三点あれば面が決まる。多数の点が集まれば、そこに立体が描き出される。真実とは、事実という名の点が集まって形を為したものではないか。事実の集合である真実をもって評価されるというのが、本当の評価ではないか。点では無く線で、線では無く面で、立体で、と知り得る限りの事実を集めて、ようやく全体像が理解される。それあっての評価ではないだろうか。

何回やっても零点しか取れないのなら、それはその人の真実の姿を反映したものかもしれない。一回の事実が、二回三回と積み重なり、真実だと判定されることは致し方ない。回数が増えただけ、反論する根拠は薄れていく。しかし、これも点数という一つの基準で計った、「一つの事実に過ぎない」とも言える。多次元ではなく、一次元的な評価だと解釈することも可能だろう。ただし、反例としての事実は一つでよい。「君はいつも零点じゃないか」と言われた時に、「それは事実に反する。一度、十点を取ったことがある」と切り返す。この時、示すべき事実は「たった一つで充分」である。

詭弁とは、幾ら具体的な事実を羅列したところで一般的な証明にはならないことと、一つの事実を提示しただけで相手の主張を突き崩《くず》せる反例とを、適当にブレンドして「非論理的なことを論理的と錯覚させる詐術《さじゅつ》」である。詐欺《さぎ》は、詭弁、すり替え、根拠の無いハッタリを連《つら》ねて、相手の脳を飽和状態にすることで成立する。騙される人は、事実の裏附けの無い茫洋《ぼうよう》たる話に対して、「一つ一つは分からなかったが、何となく真実味があった、情熱を感じた」などと話すのである。事実無根が真実に化ける瞬間である。「百回言っても嘘は嘘である」ことを決して忘れてはならない。

世の中は「何れは分かってくれる」ものでも、「話し合えば解決する」ものでもない。

多くの場合、分からない人は永遠に分からない、分かろうとさえしないものであり、幾ら話し合ったところで、平行線は永遠に交わらないからこそ平行線なのである。そんな世の中で、自らの心をしっかりと持って、揺るぎなく生きていくためには、「雑音を無視する」ことに徹するしかない。勿論、親身になって忠告してくれる人もいる。この辺りが世の中の不思議なところである。これを雑音と見て無視することがあってはならない。折角の援軍を敵に回すようなことは避けるべきである。

しかし、そうした本気の忠告も耳に入らない状況だとするなら、全てまとめて放置するしかない。時間が経てば、大切な声だけは聞こえてくるようになるだろう。それまでは、勝手な評価は無視して、現実に対応していくことだ。同じことを同じように言っても、同じことを同じ人に話しても、その結果は場合によって異なる。要するに、他者の評価は移《うつ》ろいやすく、決して信をおけるものではないのである。だからこそ、それに一喜一憂《いっきいちゆう》すること無く、高評価に優越感を擽《くすぐ》られることも、低評価に劣等感を感じることもなく、綺麗サッパリとやり過ごせばいいのである。

◆自分の位置を知る◆

実際、他者との比較ほど難しく、面倒なものもない。ここまでの話とは逆に、自分を能力以上に「社会的高位置」に置くタイプの人もいる。そんな人も知っておいた方がいい重要な事実がある。

それは、**「山登りは上に居る者だけが、下の位置を的確に把握出来る」**ことである。即ち、下から昇る者が、「あと少しで頂上だ、あの人の居る場所まであと僅かだ」と判断しても、その間には千里の隔たりがあるということである。下から上を見れば、実に近くに感じるものが、上から下を見れば、「まだまだ、とてもここまでは上がれまい、あれが限界だろう」と断じられるのである。誰もが少しは心当たりのある話だろうと思われるのだが、この警句を知る人は意外と少ないのである。

教育の現場では、この種の現象を見るのは、春の恒例行事のようなものになっている。大半の新人教員は、着任早々に意気消沈し、眼差《まなざ》しにも力を欠いているが、中には「あの程度の授業なら簡単だ、俺の方が上だ」という態度で接してくる者もいる。ところが当然の話、頂上までは遙か彼方なのである。そのことを現職は痛いほどに分かっているから、決して真面目には取り合わない。話を適当に合わせている中に、相手も次第に力量の差に気附いて、勝手に退却していくのである。

プロ野球でドラフト一位といえば、その年のピカイチの新人選手のはずであるが、キャッチボールもままならないレベルの選手も中にはいる。そして、キャンプ初日、それはチーム全員に知れ渡る。当の本人は、前日までの大口は早速封印ということになる。彼我の差に愕然《がくぜん》として、しばらく這《は》い上がってこれない場合もある。だからこそ、自分の評価は自分で決めるべきなのだ。他者と比較して上だ下だとやっている間は、必ずどんでん返しに会う。酷い衝撃を受けるはめに陥る。

社会的圧力から身をかわし、心安らかに生きていくには、競争から降りればいい。他者との競争から、肩書きとの競争から降りるのである。そして、自分の内面とだけ向き合い、自分とのみ戦うようにすれば、ほとんどの問題は解決する。勝っても負けても自分相手なら致し方がない。自分相手に劣等感を持っても、優越感を持っても仕方がない。自分が決めたことに対して、それに失敗したからといって挫折だ何だと騒ぐ必要はあるまい。これが本書の一貫した主張である。

複雑な社会の中で、生き残っていくために、そんな内向きの世捨て人のような態度ではダメだ、到底やりおおせるものではない、「世の中は競争だ」「人生は戦いだ」と考える人も多いかもしれない。**しかし、複雑な社会だからこそ、そこに隙間がある。生きていく活路が見出せるのである。**他者と争わないだけで、自分を錬磨《れんま》することまで止めろとは言っていない。自分を磨き、自分で決めた自分だけのルールに則《のっと》って、穏やかに日々を暮らしていけばいいのだ。それは、「意識を高く」だ、「上を目指す」だと騒いでいる人達よりも、遙かに厳しく自己を磨いてくれる修行である。

重大な思索は、必ず静かな部屋でなされる。例外は、心に鉄壁《てっぺき》のバリアを張れる天才だけである。精密な仕事には、絶対的な落ち着きが必要である。これまた例外は、全身の脱力が自然に出来る天才だけである。普通の人間には、静かな環境、落ち着いた精神状態が何より必要なのである。

そうした精神状態を容易に得るための一つの工夫が、他者との競争から降りること、そのシミュレーションを行うことなのである。そして、それを実行した数年後には、以前より遙かに高い地点に辿り着いて、競争からは決して得られない「多種多様な果実」を手にすることになるだろう。要するに、真面目に努力をする人には、妙な煽りや、派手な標語は邪魔になるだけだという話である。

第18章「メモを取れ・目を見て話せ」と言われても

授業中に先生の板書《ばんしょ》を一所懸命にノートに写す。こうした風景も、コンピュータの教育現場への導入によって、様変《さまが》わりしつつある。小学校から企業研修、学会に至るまで、ＩＴ技術を駆使した、豪華絢爛《ごうかけんらん》たるスライドが学習者の目を奪っている。しかし、これは文字通り「目を奪っている」だけであり、心までは奪えない。そもそも、スライドと講師の顔を同時に見ることは出来ないから、話に集中することが出来ず気持ちが散漫《さんまん》になるのである。この問題はもっと論じられるべきであろう。

さて、**時代は変わっても、「メモを取れ」という言葉は健在である。**これには、「なんだメモの取り方も知らないのか」「メモの取り方ぐらいは覚えておけ」などという変化形が多数あり、今なお年長者の「部下いじりの切札」として使われている感がある。実際、「君はメモも取らないのか」と面罵《めんば》された経験がある。これは「自らが格上《かくうえ》との自覚がある人」に多い不思議な叱責である。実際、相手の話を真剣に聞こうと思えば、メモなど取っていられないのだが、そう考えては貰えないようだ。

逆に、聞く気が全く無い場合、メモは絶好の隠《かく》れ蓑《みの》になる。紙に視線を落とし、何かを熱心に書いているフリだけしていれば、直ぐに時間は経ってしまう。落書きならば後でバレる危険性もあるが、実際に話した内容の単語だけでも並べておけば、何の心配も無しにその場を遣り過ごせる。

こんなことは当たり前の話なのに、未だに「メモだ、メモを取れ」と騒ぐ人が多くて閉口《へいこう》する。大切でない一時間程度の話にメモなど必要ない。大切な話なら、その概略は間違いなく記憶出来る。大切でない話なら忘れて当然である。その場は、ひたすら聞くことに専念し、その後で「復習」として、自ら紙に書き残せばいいだけの話である。従って、通常はメモなど取らないし、相手に取ることも要求しない。尊敬する相手であればあるほど、相対《あいたい》している時間を大切にしたい。話は全て記憶する。仕草や癖も含めて、共有した時間を丸ごと記憶する。むしろ、視線を下ろして、何やら書き連ねている人には不信感を持つ。話を聞きに来たのか、メモを取りに来たのか、分からないからである。

常識で考えてみれば分かる。映画は一時間以上、二時間を超えるものも多いが、果たして、映画館の中でメモを取る人がいるだろうか。一回の鑑賞で、それを記事にしなければならない評論家などは除外し、内部が明るい・暗いといった環境の問題も外して考えよう。自宅でレンタル映画を見る場合も同様である。これは映画館よりは、遙かにメモを取り易い環境にあるが、それでもそんなことをする人はいないだろう。誰でも、二時間程度のドラマのあらすじは暗記出来る。大切な部分は必ず覚えている。大切でない部分は思い出せない、忘れている。それが普通ではないか。

人生を決める重大な告白をする時、相手にそれをメモして欲しいだろうか。仮にそんな態度に出られたら「何のための証拠作成か」と興醒《きょうざ》めされるだけだろう。どうも世の中には、常に自分が尊重されていることを感じていたい、それを実感出来る「形で示すタイプ」を好む人が多いらしい。まるで恭順《きょうじゅん》の証をメモを取ることに求めているようにも見える。実に不思議である。

小型録音機の御陰で僅かに減ったようではあるが、それでもなお新聞記者が、政治家やアスリートを取り巻いて、懸命にメモを取っている様子は定番の風景である。取材する方もされる方も、一体となって満員電車のような密集状態を作り、吊革の代わりにメモ用紙を握った手を踊らせている。

改訂版キャリア設計1

東海大学キャリア就職センター・東海大学現代教養センター　編

A4判・並製本・60頁　定価（本体1200円＋税）ISBN978-4-486-02132-2　2017.3

就職活動など進路選択の時期を迎えた大学生向けのテキストデータブック。本書はいくつかのテーマにそったワークを通して、他者とのコミュニケーションの楽しさを体験することで学生生活を豊かにしていく術を習得することを目的としている。

20世紀を知る

広瀬一郎　著

A5判・並製本・180頁　定価（本体2400円＋税）ISBN978-4-486-02137-7　2017.3

われわれの生きる21世紀においてすでに「歴史」になりつつある20世紀の歴史を「知識」としてではなく「教養」として学び、20世紀に由来する今世紀の問題点とその解決方法を模索する。

オデュッセウスの記憶

古代ギリシアの境界をめぐる物語

フランソワ・アルトーグ　著／葛西康徳・松本英実　訳

四六判・上製本・450頁　定価（本体4800円＋税）ISBN978-4-486-01950-3　2017.3

ギリシャ神話の英雄と称されるオデュッセウス。「体験者」である彼を旅の案内人とし、その案内に従い古代ギリシャの人類学的歴史および長期の文化史を探求する。そしてその旅を通してギリシャのアイデンティティの輪郭を記す。

風狂のうたびと

村瀬　智　著

A5判・上製本・210頁　定価（本体2800円＋税）ISBN978-4-486-02122-3　2017.3

本書はバウルとよばれる宗教的芸能集団の文化人類学的研究成果である。第1部ではバウルへのインタビューによるライフヒストリーを収録。第2部では民族誌的記述と分析からカースト制度の表裏の関係にある世捨ての制度を考察する。

【東海大学文学部叢書】

『大かうさまぐんき』を読む

太田牛一の深層心理と文章構造

小林千草　著

A5判・上製本・356頁　定価（本体3000円＋税）ISBN978-4-486-02119-3　2017.2

豊臣秀吉のすべての行動を善として綴らねばならない太田牛一が、事実と事実の間でつかざるをえなかった嘘が文章のあちこちに表れていることを指摘し、そこに太田牛一の深層心理を読み解き、事件の真実へ迫ることを試みる。

ベトナムにおける労働組合運動と労使関係の現状

藤倉哲郎　著

A5判・上製本・330頁　定価（本体8000円＋税）ISBN978-4-486-02120-9　2017.2

既存労働組合が政治的・組織的理由から労働者の権利擁護機能を失った過程を辿り、労働集約型外資企業での労使関係の実態を明らかにし、一部地域で実現している安定的な労使関係の存在を「在郷通勤型就労」という概念をキーワードに考察する。

驚きの菌ワールド

菌類の知られざる世界

日本菌学会　編

B5変判・並製本・92頁　定価（本体2000円＋税）ISBN978-4-486-02136-0　2017.2

かび、酵母、きのこ、粘菌などのユニークな生態と地球生態系で菌類の果たしている役割をカラー写真及び図版で紹介する写真集である。きのこも化石になるなど、菌類に係わる78のミラクル世界を紹介する。

改訂版キャリア形成1

東海大学キャリア就職センター・東海大学現代教養センター　編

A4判・並製本・70頁　定価（本体1200円＋税）ISBN978-4-486-02131-5　2017.3

就職活動など進路選択の時期を迎えた大学生向けのテキストデータブック。本書は社会で活躍した先人の考え方を紹介し、いくつかのワークを設け、就職活動にとって重要な自己理解や業界研究の作業を促すことを目的としている。

生きざまの魚類学

魚の一生を科学する

猿渡敏郎　編著

A5判・並製本・248頁　定価（本体3600円＋税）ISBN978-4-486-02058-5　2016.6

魚の一生を①卵から成魚になるまで、②成魚期、③産卵から死までの、大きく３つに分けて、その生活史を紹介する。

ワーグナーシュンポシオン2016

特集　ワーグナー――20 世紀への序奏

日本ワーグナー協会　編

A5判・並製本・172頁　定価（本体2900円＋税）ISBN978-4-486-02110-0　2016.7

わが国におけるリヒャルト・ワーグナー研究の最新の成果、国内外のワーグナー作品の上演とワーグナー文献の紹介や批評などを掲載する。2016年の特集は「ワーグナー――20世紀への序奏」。

狂気へのグラデーション

稲垣智則　著

B6判・並製本・348頁　定価（本体2400円＋税）ISBN978-4-486-02113-1　2016.7

臨床心理士でもある著者が街中で遭遇した出来事を通して、私たちの深層に潜む「狂気」と「正常」の世界などを、著名な心理学者の言葉を引用し、解説する心理学のテキスト。

はじめての古生物学

柴　正博　著

A5変判・並製本・200頁　定価（本体2300円＋税）ISBN978-4-486-02114-8　2016.7

古生物学とは地質学の一部で、私たちの住むこの地球において、過去に生きてきた生物を扱う学問である。古生物と地球の歴史をもとに生物進化の過程とその要因を明らかにし、現在の生物の成り立ちを歴史的に学ぶことを目的とした教科書。

東海大学出版部

出版案内

2017.No.2

「駿河湾学」より

東海大学出版部
〒259－1292 神奈川県平塚市北金目4－1－1
Tel.0463-58-7811 Fax.0463-58-7833
http://www.press.tokai.ac.jp/
ウェブサイトでは、刊行書籍の内容紹介や目次をご覧いただけます。

全員が真剣な顔をして、同じ話をメモしている。それは各社独自の取材であるから当然だと思われるかもしれない。しかし、取材解散直後には、全記者がその場に留まって互いのメモを見せ合う儀式がある。抜けが無いように、「採点会」を開いているのである。実に滑稽《こっけい》な場面であるが、取材対象に依らず、必ずそれは行われる。特ダネ、抜け駆け防止には効果的だろうが、携帯電話でさえ動画が撮れる時代に、一体何時までこの奇怪な光景は続くのだろうか。実に不思議である。

「メモしています」と言われることが、そんなに嬉しいことなのか。そんなことより、嫌でも「相手の記憶に残る話をする」努力をした方がいいのではないか。俗に「コピーした文献は読まれない」という。同じく「メモした話は読まれない」だろうし、人の心にも記憶されない。にも関わらず、何故に人は「メモされたがるのか」、全く理解出来ないのである。メモとは、「忘れるために書かれるものである」ことを忘れているのではないか――ここは試験に出すからメモしなさい！

◆目は口ほどに嘘を吐く◆

また、「相手の目を見て話せ」との忠告も多い。目を見ろ、メモを取れと実に忙しい、一体どうやって話を聞くのやら。さて本当にそうなのか。そう忠告してくれる人でさえ、こちらの目など見ていないように思うが、それは気の所為《せい》か。そもそも「相手の目を見て」話など出来るものだろうか。相手の「目だけ」を見詰めながら語り出せば、間違いなく「気持ち悪い奴だ」と思われるだろう。

見詰められて「勘違い」した結果、「すみません、私近眼なもので……」とか、「あのコンタクトが……」とか、事の真相を明かされて衝撃を受けたという一口話《ひとくちばなし》がある。事程左様《ことほどさよう》に、相手の目を見る、見詰めるという行為は、様々な勘違いを生むだけであり、それが話を聞く熱心さの表明になるとは思えないのである。しかしながら、非常に多くの人が、これを素晴らしいことだと信じ、指導しようと試みる。確かに、落ち着きなく、周りをキョロキョロと見回しながら話をされても、「心ここに在らずの証明」としか感じないから、「視線を安定させよ」という話なら大いに納得する。まあ現実的なレベルとしては、せいぜい「相手の顔を見て」がいいところではないだろうか。

第一『目は口ほどにものを言う』というが、**「目は口ほどに嘘を吐く」のであって、目など見ていては騙される。**柔道においても剣道においても、蹴りを含む格闘技においては、重要な部位は、手脚の直接の動きに関係する両肩の線、あるいは腰などである。蹴りを含む格闘技においては、膝の微妙な動きまで視野の中に収めておかねばならず、目など見ていては下から蹴り上げられて一巻の終りになる。サッカーやバスケットボールなどでも「ノールックパス」という、パスを出す方向を一切見ない技術がある。人間の意思の向かう先が、視線に現れる性質を逆用して、相手を欺《あざむ》くことも出来るわけである。また、そうした「目の演技が通用しない」と悟った時の相手の悔しそうな「目」にも注目して頂きたい。

「悪人には見えなかった、そんな目はしていなかった」「目が輝いていた」「私から視線を逸らせなかった」等々、騙された人の述懐《じゅっかい》には、このような目に関するものが多い。むしろ、「だからこそ騙されたのだ」と思える話である。これも「相手の目を見て云々」が影響しているのではないだろうか。罪作りな台詞である。「気が弱くて、相手の目など見られない」と嘆いている人も多いが、それで正常なのではないか。相手を騙そうとすれば、こうした目にまつわる誤解を利用しようとするだろうし、寝不足の充血した目を利用して異性に迫れば、「勘違いさせる」ことは容易だろう。

さて、目が見られない人には、口を見ることをお勧めする。特に「口の端に注目」すれば、言葉の裏に潜んだ本心が現れていることが分かるだろう。未だこの弱点に気附いている人は少ないので、比較的簡単に相手の心の中を覗《のぞ》くことが出来る。笑顔のために「口角《こうかく》を上げる」ことに熱心な人も多いようだが、それが弱点にもなるのである。ただし、相手の靴を見ることだけは慎みたい。古来『足下《あしもと》を見る』という言葉が使われてきたように、それは相手を値踏《ねぶ》みする行為だからである。それを防止する意味もあって、視線を上げよ、相手の目を見よ、という流れになったのかもしれない。

何れにしても、全く見当外れの方向を見られては話者も堪《たま》らない。先ほどのスライドの話であるが、何故、プレゼン・ソフトによる講義が上手くいかないのかと言えば、一度スライドに固定された人の視線を、話者に戻すことが難しいからである。話を始めたら話者の方に向き直って欲しいのだが、視線の移動量が大き過ぎて、そうは簡単には戻らないのである。そこで、ソフトを止めたり、室内の明暗を工夫したりして誘導するのであるが、下を向いてメモを取っているフリをする人と同様に、話者と目を合わすことが苦手な人は、白紙のスライドをなお見詰め続けるという状態になる。これも「目が合うと質問されるかも」という学校時代のトラウマがなせることだろうか。

黒板に話者のテンポで順に書き込んでいく手法には、人間工学的な意味があったのではないか。昔は、それが廃墟《はいきょ》であっても、各部屋の作りさえ調べれば、ホテルと病院と大学の区別は附いた。ホテルなら各部屋にトイレがあり、病院なら酸素供給用の配管が見え、大学なら壁面一杯に黒板があったからである。ホワイトボードが好まれる今、黒板とチョークのペアには絶滅危惧種《ぜつめつきぐしゅ》の趣《おもむき》がある。電子出版の問題も含め、黒板や紙の本の効用を今一度精査する必要があるのではないか。

第19章「謙虚になれ」と言われても

英語、英語とうるさい話だと思っていたら、同じ外来種の「自己アピール」も花盛りである。ズバリそのものの「自己アピールの方法」や有名人のスピーチ集、その心掛けから化粧の方法までを詳細に記した「自己アピールの方法をアピールする本」が、書店に堆《うずたか》く積まれている。

世界標準、グローバル・スタンダードなる言葉が一人歩きをして、「自己アピール」に正当性を与えているが、それほど大した話ではない。米国では、欧州ではと二言目には言う人が多いが、ここは日《ひ》の本《もと》、日本国である。あらゆる外来文化を『換骨奪胎《かんこつだったい》』するのが日本流である。何れ「アピール」の方法も、日本の独自性が加味されたものになる、いや既にそうなっている。第一、欧・米に特化した話が何故に「グローバル」と呼ばれるのか、それは単なる欧州基準、米国基準ではないのか。**交際の基本は譲り合い、所謂「お互い様」である。互いに響き合ってこその人間関係である。**一方的な関係は、愛でもなければ情でもない。これは世界共通のものであるからこそ、国と国との関係も「相互主義」と呼ばれる「お互い様の考え方」が基本となっているわけである。ところで、「グローバル」に譲り合いはあるのか。外交の相互主義は機能しているのだろうか。日本だけが変化を強いられ、相手側が昼寝をしているような関係は正常ではない。外交の基本精神に背《そむ》くものである。

さて、アメリカでは誰彼の区別も無く、日夜自分の主張を声高《こわだか》に繰り返しているかの如く設定し、それを見習えと囃《はや》し立てるのがマスコミの手法であるが、大抵の国では「普通の人」は、静かに暮らしたいのである。日本の長所として「静かだ」という点を挙げるアメリカ人も多いが、それは母国における「大声の雑談」に辟易していることの裏返しではないか。そして、その騒音の原因となっている人達もまた、日本に来れば「静かだ」と嘆息し、自らの行為を棚に上げているのだから。

要するに、「しないで済むなら、したくない」が本音であろうが、本音を書いてはブームは作れない。そこで、「アメリカでは……」という扇動《せんどう》が始まるわけである。しかし、一番問題なのは、子供の頃から自己アピールをしろ、イエス・ノーをハッキリ言え、どんな問題に対しても自分の考えを持てなどと指導している人が、その同じ口で「人間は謙虚でなければならない」と言うことである。

◆沈黙は「と金」なり◆

事が上手く運び、責任を果たして安堵《あんど》していると、何故か隣《となり》に来て『勝って兜《かぶと》の緒《お》を締めよ』と言う人がいるものだ。こちらは勝ったつもりもなければ、武装しているつもりもないので、そもそも締めるべき緒などないのであるが、この種の「忠告」には、黙って頷《うなず》くより仕方がないのであろう。

「見た目の謙虚さ」を装うには、黙っているのが一番である。『物言えば唇《くちびる》寒し秋の風』でしゃべればしゃべるだけ失敗する、ボロも出る。不用意な言葉も口を吐《つ》いてしまう。やはり『沈黙は金』こそが最も信頼すべき格言となる。匙加減《さじかげん》一つでどうにでも取れる、取られてしまうことを、子供にまで向けて、「自分を主張しなさい、でも傲慢になってはダメ、謙虚に自分を、自分を謙虚に……」などと教えて全く混乱しないのは、子供が如何に「聞き流す能力に長けている」か、その証明以外のなにものでもない。毎度お馴染みの「知らぬは大人ばかりなり」ということである。

自分の考えを適切に主張することと、傲慢《ごうまん》であることは違う、人として謙虚であるのは当たり前の話だと言いたいのかもしれないが、そんな器用な切り替えが出来る人ばかりではないのである。

仮に、自己アピールの成果として、順風満帆《じゅんぷうまんぱん》の学生時代を過ごし、就職には困らず、遂には社内のホープと見做されるようになっても、入社後数年を境目に「謙虚になれ」の大波が押し寄せてくる。それまでは、如何に自分が優秀か、如何に出来る人間か、を直接に間接に訴えることで、「ならば君に任せよう」となったのであるが、それ以後は全く反対に、謙虚など飛び越えて「自虐の域」にまで及ばないと、誰も話を聞いてくれなくなる。如何に自分は大したことがないか、如何に頭の悪い僕でも出来たか、という流れを作らないと、聞いている方の笑顔はたちまち消えてしまうのである。

掛け値無しに才能のある人物が、そのことを正直に主張し、「ここにいる誰にも無理だが私だけは出来る」と発言して、それがそのまま通るなら、自己アピール云々も信憑性《しんぴょうせい》を増すのであるが、世界中何処へ行っても、そんな国はなさそうである。**許容範囲に違いはあっても、「他人の嫉妬に火を附けるような発言は慎め」というのが人間社会の鉄則であろう。**わざわざ海外まで出向かなくても、五輪やW杯などのスポーツの大会を見れば容易に分かることである。発言でも、勿論行動でも、突出した選手、あるいはチームは徹底的にマークされ、ラフプレイで「報復されている」ではないか。

従って、アピールが得意でない人は、心を偽ってまで拘る必要はない。人前で緊張せず、友達と雑談でもしているような感覚で、余裕をもって話すことさえ出来れば、これはこれで、学生時代には何々をやっていて、ボランティア活動においては、リーダーとして活躍し云々」といった話を練り上げて、壮大なドラマにする必要はない。世の中、劇的な人間ばかりではないのだから。

大学でも企業でも面接担当に直接問えば、「何をやったかという内容よりも、その話し方や返事の仕方、普段の暮らしぶりが覗《うかが》える仕草にだけ注目している」という答が返ってくる。常識の範囲の礼儀、常識の範囲の自己紹介が求められるのは当然のこととして、そこから先にある「自己演出」に対応しきれない人は、むしろそのことを正直に出せばいいのではないか。少なくとも「自己アピール」が苦手だといって気に病むことはない。それを逆手《さかて》に取る方法を考えた方が、むしろ正しい「自己アピール」になるだろう。現代社会では、誰も沈黙の価値を論じなくなったようであるが、幾ら値打ちが下がったといっても、「歩《ふ》」の価値はある。俗に『歩の無い将棋は負け将棋』という。敵陣に乗り込めば「と金《きん》」にもなる。大変な戦力である。ここでは「沈黙はと金なり」といっておこう。

◆積極的無責任◆

学校のクラブで、会社で、「図らずも責任者に選ばれた場合」、どうすればいいか。責任者とは、その名の下で起こる全ての問題に対して「責任を負う者」のことである。責任者は責任重大である。さて、この重圧を如何にして撥ね除ければいいか。先ずは、「図らずも」がポイントである。

巷《ちまた》でよく聞くところの「任命責任」というものがある。もし、責任者の地位が、上位の者からの任命によるのなら話は簡単。何が起ころうと、自分が如何に間違った判断を下そうと、全ては任命した者の責任の方がより大きい。従って、及ぶ責任は限定的である。自分で手を挙げたわけでもなく、無理矢理に就《つ》かされた地位であるなら、心理的な重圧はなお小さい。仮に、「解任されることが最大の責任の取り方」だというのなら、元々なりたかったわけでもないのだから、気持ちよく受け入れる。「経歴に傷が附いた」などとは毫《ごう》も思わない。辞められて気分爽快である。これで完璧に力が抜ける。責任は自分を通して、全てクラブ顧問に、上役に流れていくだけである。そう考えると、非常に気分が楽になる。**その気楽さを武器に、責任者としての仕事を精一杯に努めればいい。**

大学入試でも就職でも、合格を出したのは先方である。幾ら頭を下げても不合格は不合格。覆《くつがえ》らないシステムの中で、堂々と合格を勝ち取った以上は、その後の不首尾《ふしゅび》は全て受け入れ側に責任があると思えばいい。一流大学に入ったから、一流企業に就職したからといって、「自分が一流の仕事をしなければならない義務などない」のである。本来これは、教師や上役が言うべきことであるが、全て自分で自分に言い聞かせ、心の中に深く留めておけば、失敗を恐れる気持ち、学業や仕事の正否に関する恐怖心がなくなる。恐怖による萎縮が原因で失敗を重ねる人が多い中、逸早《いちはや》くこれを克服した人は、相当の確率で与えられた仕事を熟していくだろう。これを**積極的無責任**と呼ぼう。

人は育てるものではなく、適切な環境によって「育つもの」である。その環境を作るために、一流の教育者、名伯楽《めいはくらく》と呼ばれる人達は、精神的な後ろ盾《だて》になることを明言して仕事を任せる。「もしもの時の責任は私が取る。君は余計なことは考えずに思い切りやれ」といって地位を与える。何もかも小粒で世知辛《せちがら》くなった今、こうした腹の据わった教師や上役に巡り会う機会は激減してしまった。だから、仕方なしに「自分で自分に言ってしまおう」というわけである。謂わば一人二役である。

こうした腹の内を顔に出すこともなく、心の奥に潜《ひそ》めておけば誰にも分からない。他者との比較ではなく、自分の仕事を、自分のペースで進められるようになる。これなら「競争から降りた身」でも、きちんとした成果を出すことが出来るだろう。そして、周囲の人からは、仕事が出来る人と見做され、厳しい競争環境の中でも、それに屈せず悠然としている大物と見られるようになるかもしれない。そんな時、あなたは「何も知らないで……」と独りほくそ笑んでいればいいのだ。

冷静に考えれば分かるだろう、「こちらには辞める権利しかない」のである。大学に入れろと叫んで入れてくれるか。入社させろと叫べば何かが変わるか。どんなに努力したところで、「入り」はこちらの権利ではない。相手の判断一つである。こちらの手持ちカードは、辞めることだけである。退学、退社、退職、「退くこと」唯それだけしかない。「辞めろ辞めろ」と唆《そそのか》しているのではない。前に進むには「通行証」が要るが、退くことは何時でも自由に出来る、そのことに気が附けば選択肢が増える、可能性が拡がる。これにより、「最悪の事態を避け得る可能性」も生まれてくる。

日常の交遊も含めて、「降りる」ことだけを武器に、自分を護らねばならない時がある。その時のために、日頃から心の中で模擬練習をしておく、これは心の危機管理術である。責任を果たすことは重要であるが、地位さえ辞すれば責任も消える。これを「逃げだ、無責任だ」などと誹《そし》るのは当たらない。人それぞれに、それぞれの心理的負担がある。その大小は軽々には見積もれない。「辞めた後の人生に責任を負う」のは自分自身であり、この責任だけは誰も代わってくれないのだから。

何らかの「通行証」の提示を求められた時、その場に留まって悩めば悩むほど、相手の掌中《しょうちゅう》で弄ばれていることが分かるだろう。自分の問題であるはずなのに、主導権は相手が握っている。常に先手は相手が引く。そうして身動きが取れなくなった時、事態が膠着《こうちゃく》状態になった時には、脳内で「降りるシミュレーション」をする。僅かこれだけで手番を握れる。その結果、「降りる」ことは、逃避でも後向きでも消極策でもなくなる。**それは主導権を取り戻すための「攻め」なのである。**

第20章 「競争から降りよ」と言われても

心はバネに似ている。引けばバネは伸びる。離せば元の平衡点《へいこうてん》に戻る。しかし、より強い力で引けばバネは伸びきり、元の位置には戻らない。これを弾性限界《だんせいげんかい》という。私達の心にも同じことが当てはまる。喜怒哀楽、全ての感情に許容範囲がある。「心の弾性限界」を超える負荷《ふか》が掛かれば、心は伸びきり元の状態には戻らない。伸びた心は、懸命に新しい平衡点を見出すが、それは既に元の自分ではない。何処かが、何かがズレている。こうした悲劇から身を護るために、過度な競争から降りることを提案してきたのである。**人は何よりも先に、「自らの心の限界」を知らねばならない。**

では、競争が嫌いになったのは何時頃からだろうか。本来、子供は競争好きである。電柱を見た瞬間に短距離走が始まり、負けた者は友達のランドセルを担《かつ》がされ、大騒ぎをしながら帰宅の道を急いだ、という経験は多くの方がお持ちだろう。実に屈託のない、単純で爽《さわ》やかな競争心であった。

ところが、学校の中から「あらゆる競争を無くそう」という動きが起こり、その結果、徒競走は順位無し、運動会の競技は身体能力を問わない遊戯《ゆうぎ》のようなものになってしまった。勿論、教科のテストに対しても、採点だけはするものの、それを周りの大人が余りにも神経質に扱ってしまったために、単純に自慢したり、友達と見せ合ったりする子供がいなくなってしまった。そして、その影響は点数の悪い子供達の方へも押し寄せ、最低点を取りながら明るくそれを見せ回るという猛者《もさ》も、全く影を潜めてしまった。些末なことを「人生の一大事」に祭り上げてしまったのである。

無用の争いからの「距離の取り方」を学ぶには、先ず「正しい競争心」を知る必要がある。ここで「正しい」とは、競争そのものが自他共に喜びとなり、それによって互いが成長出来るものをいう。全くの孤立状態で、己一人と正面から対峙《たいじ》し、克己心《こっきしん》だけを頼りに生きていくことが、如何に至難の業《わざ》であるかは誰にでも分かる。あらゆる競争を条件反射的に嫌い、遠ざけようとする人は、子供達を競争の地獄から救ったつもりかもしれないが、それは人間として最も高度で強い生き方を、「幼い子供に対して最初から強いる」という極めて冷酷非情な行動を取っているに過ぎない。それは、友達との関係を希薄にし、社会性を育てず、共同作業に伴う喜びまでも奪ってしまう愚行である。

　そこで穏やかな競争から始め、その危険性を感じ取らせて、無用の争いを避けるように誘導する必要が生じるわけである。**競争が耐え難き苦行に変じる理由は、客観的事実に主観的評価が附随《ふずい》するからである。**「単なる負けをダメ」と、「単なる失敗を挫折」と評価する社会的風潮が、「正しい競争心」を踏みにじり、競い合う楽しみを奪い去った。小事を大事と錯覚させてしまったのである。

　この意味で、教育者は常に「事実と評価の区別」を強く意識する必要がある。譬えれば、最高の教師とは「重力」のようなものである。それは「子供達に意見を求めるのではなく、事実を確認させる存在」である。重力は何時でも何処でも、常に同じ調子で遠慮会釈無しに失敗を咎める。逆立ちに失敗した子供達を、全く無感情に等しく咎めるのである。そこで、彼等は「色々な意見」からではなく、「事実」として自らの失敗を悟る。そして、決して重力を恨《うら》まない。それは無駄だと知っている。努力すべきは自分の方であって、重力はどうにも出来ない客観的な存在であることを素直に認めるのである。その結果、子供達の間からも主観的な評価を閉め出すことが出来るわけである。

この事実を認め得ない子供は、如何に心が清くとも、如何に頭の回転が早くとも、何一つ出来るようにはならない。スポーツにしろ武道にしろ、肉体運動はこうした教訓に充ちている。選手として特別なレベルのものを目指すのでなければ、子供達がこのことを学んだ段階で、各種の運動を辞めてもよいほどの意義があったといえるだろう。切れば血が出る、転ければ痛いという当たり前のことを学び、その責任は誰あろう自分にしかないことを我が身で確認すれば、それでいいのである。

肉体的な痛みや苦痛を例に引いたが、それは当然、自らが欲して挑むものでなければならない。他から与えられたものでは、何も学べないのである。そこに自然に「他者との競争」というものが入ってくる。勝ち負けを競うのではなく、自己を見詰めるため、その切っ掛けとしての競争である。

こうしたことが自然に理解出来るように段階を踏んで誘導し、自立心を育むのが教師の仕事である。実際、結果に拘らない限り、競争の場においても子供達は溌剌《はつらつ》としている。そこに余計な評価が伴わない限り、子供達の表情は決して曇らない。困難に伴う「苦さ」を逸早く克服し、自分自身の中に多くの可能性があることを自らの力で見出している。そうして子供達は日々自己記録を更新し、その中で本当の喜びを知る。ここに「比較を拒み自己新を目指す」という表題の真意がある。

子供も大人も、やはり人間的な遣り甲斐を求めているのである。『我に艱難辛苦《かんなんしんく》を与え給《たま》え』という切実な訴えは、何も戦国時代だけではない、勇者だけの台詞でもない、ごく普通の、生き甲斐をもって人生を生きようと欲している一般の人間にも当てはまる、普遍的な願望なのではないか。自分の人生は、自分だけのものである。その人生を全《まっと》うするために果たす「責任」こそが、自他共に幸福にする。「降りる」ことによって、この「責任」はより明確になるかもしれないのである。

第2部　幻想に終止符を！

第一部では、先ず『人口《じんこう》に膾炙《かいしゃ》』した警句や人生訓などが、それに適応出来ない人達には、社会的な「圧力」になっている点を指摘した。続いて、そうした言葉によりもたらされた現実に対して、その賛否を声高に主張するのではなく、疑問視することで問題点を明らかにしようと試みた。圧力の直撃を避け、身をかわす方法として、他者との比較、競争から降りることを「別解」として提案した。その解とは、冷静になれば誰もが気附く、二重の意味を持つ図(表紙)の片方のようなものである。そして、肯定でも否定でもなく、投げ遣りでも諦めでもなく、それを公言することもない、全くの内心の問題として冷静に決意して、萎縮した全身を精一杯に解放する心の動きを奨励した。

第二部では、これを受けて、社会的圧力となっている言葉の、さらにその奥にある基本的な要素について考える。その対象は、主に教育である。**全ての人が関わる問題、その根底には必ず教育がある。**社会的な問題の根源を探らんとする時、それを先ず教育に求めるのは当然の話である。特に、学校教育、義務教育は極めて大きな影響力を持っている。そのカリキュラム、現場の教員、父兄、子供達、そして社会全体が、全て言葉によって繋がっているのであるから、そこで用いられている言葉が不適当なもの、誤解されたものであれば、あらゆる努力が水泡《すいほう》に帰してしまう。

人は言葉を紡《つむ》ぐ。それは概念を表す。その概念は、思想となって世界を創る。そして、人はその言葉によって縛られる。言葉は一人歩きをする。その一人歩きが言葉を肥大化《ひだいか》させ、元の意味は失われていく。広く一般に浸透し、疑問を持たれなくなった言葉は、その輪郭《りんかく》を不鮮明にして他と結び、力をさらに増していく。定義不明の言葉、互いに矛盾する言葉、そして無意味な言葉までが動員されて、特異な世界が創られる。それは暴走する言霊《ことだま》により描かれた「幻想の世界」である。

例えば、「個性尊重だ」「オンリーワンだ」と騒ぎながら、日本文化の独自性を主張すれば、「それはガラパゴス化だ」「グローバル化の流れに背く」と批判する。個性とは「脱平均化」のことである。グローバル化とは、「世界平均化」のことである。両者の矛盾を矛盾と感じないのは、幻想の世界に取り込まれているからだ。その世界の特異性は、そこに暮らす住人には分からない。精々《せいぜい》『裸の王様』さながら、互いに「あの人は裸だ、あの人こそ裸だ」と叫ぶのみである。その本質を、たとえ一部であっても見抜いた者が、「呼吸困難」に陥るのは当たり前の話だろう。

何となく窮屈《きゅうくつ》だ、何となく抑え附けられた気分がする、と感じる時、**そこには社会全体による「暗黙の合意」がある。定義不明の言葉に酔いしれる人々の姿がある。それが幻想の正体である。**人々は幻想を幻想とは知らず、あるいは幻想であることに半ば気附きながらも、ある人はその心地好さに我を忘れ、またある人はその巨大さに恐れをなして、幻の世界に安住することを選ぶ。

この幻想を打ち壊すことが、社会的圧力の元をも絶つことになる。そのためには、小さな疑問を持つだけでいい。唯それだけで、足下は大きく揺らぎ始める。その時、競争相手として屹立《きつりつ》していた他者とは、実は社会全体が作り上げた虚像であったことを知り、身をかわすべき対象を特定することになる。それは誰あろう、自分自身である。賛否も曖昧《あいまい》なまま、何となく同意することで、幻想の一層の巨大化に力を貸していた自分なのである。被害者も加害者も、同じ円環《えんかん》に取り込まれていたわけである。**自ら手を貸して作り上げた幻想は、自らの手で葬り去るしかあるまい。**

第二部では、以上の立場から、広く使われている言葉や概念を再考察して、その本質を明らかにすることを試みる。暴走する言葉に歯止めを、そして「幻想の世界」に終止符を！

第21章 「改革」にまつわる幻想

将棋の格言に『敵の打ちたい所に打て』というものがある。敵が戦略的要衝《ようしょう》と定め、今まさに駒を打たんとしている場所に、先に自駒《じごま》を打ってしまえば、相手はもうそこには打てず、その戦略は脆《もろ》くも崩れ去る、という意味である。『三手《さんて》の読み』など将棋の格言の多くは、全盛時には升田《ますだ》、大山《おおやま》に次ぐといわれた強豪《きょうごう》・原田泰夫《はらだやすお》九段の作である。俳人にして書家でもあった原田は、定跡《じょうせき》を格言の形式にまとめて普及に尽力した。何れも文学的な香り漂《ただよ》う質の高いものばかりである。この格言そのものの具体的な出処は知らないが、その言語感覚の鋭さには唯々脱帽するしかない。

その応用例は実に広い。例えば、保守派が先んじて改革を訴えれば、革新派は「駒を打つ場所」がなくなる。現代の我が国においては、「改革」こそが錦《にしき》の御旗《みはた》であり、そこに先回りして打つ大駒は存在しない。よって、「改革」の奪い合いが起こり、これに勝ったものが天下を制することになる。

言葉は人に使われる度に生命力を増す。その極限では人を離れ、唯そこに存在するようになる。こうなると、もう誰もそれを疑わない。本来の意味を問うこともない。如何に深刻な出自《しゅつじ》を持つものであっても、ここまで来れば、それは単なる「合言葉」「標語」の類《たぐ》いと異ならない。「やあ、元気？」「どう、頑張ってる？」。誰も本気で相手が元気かどうかを気にしているわけではない。何を頑張れというのでもない。挨拶が合言葉となるのは、当然のことである。しかし、家訓、社訓が単なる合言葉では、その将来が危ぶまれるだろう。ましてや国策においておや。

「改革」という言葉が、この段階に達して既に相当の年月が経っている。何故、猫も杓子《しゃくし》も「改革」を唱えるのか。一体「改革」とは何を意味する言葉なのか。同じ傾向を持つ言葉を並べて、その印象の強さを不等式風に、「改善＜改革＜革命」と表してみよう。即ち、体制全体の変更を意味する「革命」という言葉ほど強くはなく、現状を追認した上で、その至らぬ点を修正していく「改善」よりは強い言葉だということである。この強弱、大小関係が実に巧みに利用されている。

この「改革の幻想」に踊らされてはいないか。この幻想を壊さない限り、全てを間違う可能性がある。権力を簒奪《さんだつ》しようと試みる者は、その本心を見透《みす》かされないように、「革命」を一段落として「今必要なことは改革だ」と叫ぶであろう。古いシステムの綻《ほころ》びに嫌気が差した者は、地道な「改善」を続ける根気を失い、「今必要なことは改革だ」と口走《くちばし》るであろう。どちらの極端も、自分を有利にしないと判断した者は皆、口を揃えて「今こそ改革を」と訴える。これにて全員集合である。

革命を為そうという者が、それを改革と偽り、一般の人間は「これは現状を改善してくれるのだな」と受け取る。こんな危険な話があるだろうか。「根刮《ねこそ》ぎ変えたい」「丸ごと変えろ」などというのは、明らかに「革命思想」である。改革を強く主張する者の本心はここにある。改革に身を隠した革命家である。『衣食足りて礼節を知る』という。衣食足りた後に欲するものは、微調整である。即ち改善である。本来、様々な分野の調整が仕事である役人までが、「改革」を口にするのは、それでは手緩《てぬる》い、迫力が足りない、と批判されるのを恐れてのことである。その批判の実態は、革命という言葉の危うさを知りながら、その危険な香りに憧れる一般の人々である。そこで、二つの極端に挟まれた「改革」が万能薬として機能する、全員集合の掛け声になるというわけである。

このことを、冷静に見極める必要がある。言葉の細かい詮議立ての問題としてではなく、その言葉によって表現されている、奥の意味を感じ取らねばならない。「王の首を取ろうとする者」の虚言なのか、「己の怠惰を隠そうとする者」の虚言なのか。改革という言葉の幻想を壊し、本来の意味を汲み取るために、常に「この人物の唱える改革とは、果たして革命なのか改善なのか」と問うべきなのである。こう考えた時に、「教育改革」という言葉に、何ともいえぬ違和感を覚えるようになる。

◆教育の連続性の問題◆

「人の教育を根刮ぎ変える」などということがあってはならない。教育には、その内容の精選や指導の効率よりも、もっと重要かつ深刻な問題がある。いや、それが全てである、と言って過言ではない。それは「連続性」の問題である。**親から子へ、子から孫へと続く家族の生物的な絆**《きずな》**は、同じ歴史を共有してきた、同質の教育を受けてきたという経験によって、文化的な絆へと昇華**《しょうか》**される。**家族の構成員のそれぞれが、全く異なる教育システムの中で、内容的にも異質なものを教授されてきた場合、そこに知的会話が成立するだろうか。これは、基本的な語彙、人格の基礎となる教養の問題であるから、「互いの違いを楽しんで」などと悠長《ゆうちょう》なことは言っていられないのである。

数学を、祖父は日本語、父は独語、息子は英語でしか理解出来ず、祖母は円周率は無理数であると学び、母は3・14、娘は3と習った家庭で、円の面積は何語の表現、如何なる値に落ち着くか。祖父は司馬遷、父は司馬遼、息子はマンガしか知らず、祖母は手紙、母は電話、娘はメールでしか気持ちを伝えられないとしたら、一家は何について語り、如何にして対話すればよいのか。

教育は改善でなければならない。教育の改革とは、人体実験の様相《ようそう》を呈《てい》するものだからである。教育者に許されているのは「実験」ではない、「観察」である。奇妙な実験を思い附く前に、やらねばならない観察がある。定点観測、定時観測を繰り返して、問題を整理する必要がある。夾雑物《きょうざつぶつ》を可能な限り取り除いて、真摯《しんし》に対象に相対し記録する。物言わぬ対象が語り掛けてくるまで、唯ひたすら時を待つ。そうした根気の無い者は、人の教育に直接的に関わってはならないのである。

ある種の改革案が提出され実行されると、それが「改悪」であっても、「様子を見る」と称して、少なくとも数年間は放置される。中学、高校はある時期、そうした教育を受けた学生達で溢れかえる。彼等は終生、一つの世代としての「蔑称《べっしょう》」を抱えながら、哀れなモルモットとして、「普通の教育」を受けた先輩・後輩達に挟まれ、非常に窮屈な思いをして生きていくことを強いられる。

「シャツのボタンを掛け違えたら、全部外して一から掛け直せ」と声高に叫ぶ人がいるが、真っ当な神経を持った大人なら、「一旦全部外す」などという愚かなことは決してしないものである。もし、全てのボタンを外してしまえば、また同じ間違いをするかも知れないではないか。ボタンの掛け違いは、ズレた分に注目して、外しては止め外しては止め、一つずつ歩を進めていくのが知性ある人物のやり方であろう。入試で点数が足りなかったら、足りない分だけ勉強する。勉強方法から生活態度に至るまで何もかも一気に変えてしまえば、それまでの得点は保証されなくなる。当たり前の話ではないか。教育問題に、この種のヒステリックで浅薄な発想が混入してくるのを大いに憂《うれ》う。

改革論者のために教育があるのではない。唯々教育のためのはずである。ところが、目先に「改革」の文字が踊ると、たちまち両者が逆転する。それは、既に革命の色彩を帯びたものとなっている。

第22章 「合理性」にまつわる幻想

「制度いじり」「改革ゲーム」の結論はその世代には現れない。教育改革なるものの効果は、それを受け入れる側の精神に大きく依存する。従って、新旧の交代期にそれに接した者には、躊躇《ためら》いや感情の揺れがあり、劇的な効果は生まれないものである。ところが、新教育二世は違う。一切の躊躇いもなく、それを天与《てんよ》、自明のものとして受け入れる。この時、初めて新教育の持つ効果、その危険性が露わになるのである。**一世代を経るために、およそ三十年の月日が必要である。即ち、人の教育に関する如何なる変更も、その真の正否は三十年後まで先送りされているのである。**

当然、その時、改革の責任者はその職務にはない。組織体としても、書面上の責任が存在するだけで、具体的な責任の取りようがない。つまり教育改革なるものは、その企画立案者に責を問うことが出来ない、極めて危険で無責任な体質を基本的に有している。直接に人に関わる問題全般が持つ危険性である。結局、混乱の収拾は常に現場に回され、それに失敗すると、「工夫が足りない」と批判される。現場の教師は、得体の知れない改革案に附き合わされ、効《こう》も罪《ざい》も未確定なままに時間だけが無駄に過ぎ、それがようやく落ち着き始めると、やおら次なる改革案が書面にて届いて、また一からやり直し、という「終り無き悪循環」を強いられているのである。

そして、こうした「無益な年中行事」さえなければ、出来たであろう現場の具体的な改善も、全く叶わぬままに定年に達してしまう。学校においては、有為の人材ほど精神にダメージを受ける例が多い、というのも納得の出来る話である。論理的で冷静な人間ほど、実行不可能、無限循環、相互矛盾などの「狂った命令」に反応してしまうものである。「辞める」という命令を組み込まれていない「律儀《りちぎ》な人」は、自ら矛盾を乗り越えようと試みて、その結果破滅するのである。まさにSF界の巨星、アーサー・クラークが得意とした「コンピュータの発狂物語」さながらではないか。

◆機械的合理と人間的合理◆

改革は常に、見切り発車として始まる。頼みの綱《つな》は、彼等の取るに足りない個人的体験と、理想により練り上げられた「妄想」であり、信頼すべきは動機の純粋性、改革に掛ける人物の「心の清らかさ」であるらしい。そして、それは所望の成果を挙げないために、急ぎ修正案が繰り出される。

各所の綻びを隠し、事業を継続させるために、立案者はさらなる活動に打って出る。「改革案そのものは悪くなかったが、実現手法に若干の問題があった」と言いながら。彼の「澄み切った目」は、常に未来を見続けている。決して過去に戻りはしない。如何なる困難に面しても、それを反省して旧に復《ふく》そうとは考えない。次なる修正案、新たなる改革で乗り切ろうと試みる。「今度こそは」の心意気である。斯《か》くして、改革は常に「改革の自転車操業」「泥縄式《どろなわしき》」のものとなる。

「合理性を重んじる」と言われて、これを否定する者はいない。**否定されない言葉は、幻想を生む。言葉の独り歩きが始まる。**改革論者の多くは、旧教育の弱点、欠点のみを論《あげつら》うが、自分自身がそうした考え方に行き着いたのは、「旧教育の枠の中」においてであるという矛盾を、決して理解しようとしない。得たものの多さを自覚せず、失ったものの大切さを、その悔しさだけを強調する。

彼等は、自らの過去を振り返り、悔しかった経験だけを取り除けば、楽しかった思い出だけが残り、より素晴らしい人生になるはずだと思い込む。「減点を抹消すれば満点だ」と浮かれる。その思い込みは、それが実現可能であるという夢想に至り、教育の名の下に実行し得る、という妄想にまで発展する。そして、全ての人にその楽園を提供出来るはずだ、というアイデアに恍惚《こうこつ》となって、その動機の美しさが、あらゆる人達を感動させ、共感を呼ぶはずだ、とまで一気に進むのである。

まさに「善人」である。善人は常に偽善と背中合わせに生きている。地獄へ続く門は、天国へ続く門と同じ形をしていて、区別が附かないという。鍵も鍵穴も全く同じ。それを「自分だけは見誤らない」とでも思っているのだろうか。その自信は一体どこから降って来るのだろうか。

改革を奉《ほう》じる者は、常に論理的、合理的である。ただし、その合理が人間の方を向くことはない。「機械的合理」であり、全体のシステムのため、便宜《べんぎ》のためだけに論じられる。現状を分析し、そこに理論が無いが故にそれを憎むのである。自身の主張を退《しりぞ》ける輩を、愚か者として嘲《あざけ》るのである。

伝統を重んじ、歴史に学ぼうとする者は、常に非論理的、非合理的である。伝統にその必然性を説明する論理はない。歴史は元より合理的ではない。しかし、長く用いられてきたものには、必ず何らかの理由がある。即ち、「人間的合理」がある。人の考え方、在り方に馴染《なじ》むのである。現状を慈《いつく》しみ、そこに理論が無いが故にそれを愛するのである。愛無き輩を、薄情者として拒むのである。

戦後最大の「改悪」は、新仮名遣いの制定と、当用漢字、常用漢字と続く「漢字の数の制限」である。それは、必然的に仮名書きの部分を増やし、膠着語《こうちゃくご》である日本語の「視覚上の語の区切り」を完全に奪ってしまう。延々と仮名書きが続く文章など、一字一字に細心の注意を払わねば読むことが出来ない。誤読の危険性ばかりが高まり、とても気安く扱える代物にはならない。こうした見た目の捉えやすさに加えて、「情報圧縮」の意味からも適切な漢字の使用は、日本語の基軸である。「数を減らせば負担が減る」などという機械的合理は、人間的合理に道を譲らざるを得ないのである。

ところが、驚くべきことに、この種の「制限する発想」は今なお衰えを見せていない。一つの漢字に限っても、子供は難しい漢字ほど覚え、簡単な字ほど間違う、という傾向が見られる。それは考えてみれば当り前の話であって、画数の多い漢字は、偏《へん》や旁《つくり》に特徴があり、記憶に残す糸口が多い。一方、画数の少ない漢字は、それ自体を丸覚えする必要がある。**「難しいものが易しく、易しいものが難しくなる」という逆説が、連想を駆使する人間の思考の特徴なのである。**

学問的根拠もなく、極めて恣意的《しいてき》に「点を附けたり、取ったり」されて歪められた漢字を、元の「本字」に戻すことも、現仮名遣いを「正統仮名遣い」に戻すことも、今や叶わぬ夢であろう。漢字は、相互に緊密な関係を持ち、全体として機能する素晴らしいシステムであった。一つの漢字を覚えることで、同じ偏、同じ旁を持つ、多数の漢字の秘めたる意味が明らかになり、全体の構造が示されていた。それが、全く場当たり的な改悪によって、その共通の基盤を壊されてしまったのである。

「町名変更」の問題も同断である。古文書《こもんじょ》にも載っている由緒《ゆいしょ》ある地名を、管理上の問題という「合理」を持ち出して、「何丁目何番地」に変えてしまう。地名には、その土地で生まれ、暮らし、そして亡くなった無数の人々の歴史が染み込んでおり、それが人間的な合理になっている。その地名を聞けば、ある景色が脳裏《のうり》に浮かぶ。直ちに詩情が湧いてきて、何とも言えぬ優しい気持ちになる。特徴ある地名は一度聞いたら忘れない。『名は体《たい》を表している』が故に、他の場所と間違うこともない。これが「人間的合理」である。機械にとっては、如何なる名前も全く同等であり、間違うこともないであろう。しかし、人間は、そうした荒涼《こうりょう》とした世界では生きていけないのである。

改革論者の機械的合理性は、如何なる場合にも、最大限に発揮される。反対者を説得するための切り札となっている。「この方が合理的ですよ」「あなたの主張の根拠は何ですか、それを論理的に説明出来ますか」「今変えておけば、後で得をするのは皆さんですよ」。人間的合理は、こうした戯言《たわごと》を黙殺する以外に他に方法を持たない。その隙を彼等は得意満面の表情で突いてくるのである。このような合理性における「機械対人間」の対立は、今後益々際立ったものになっていくであろう。

◆学校の主役とは誰か◆

「自主性を重んじる教育を」と唱え、生徒の自主性に最大限の配慮を見せながら、教師の自主性を最大限に奪う。「生徒が主役の学校を」と言いながら、頭をフル回転させて、次から次へと工夫を強いられているのは教師の方で、肝心の生徒達は何時まで経っても御客様扱いのままである。斯くして「学生が主役」という幻想が崩れる。要するに、学生を学校改革の証文《しょうもん》として利用するな、これ以上教師を要らぬ騒動に巻き込むな、ということだ。学校は学生が真剣に学ぶ場である。彼等はいずれ社会に出る。それまでは出来る限り周囲の喧噪《けんそう》から離れた環境で、静かに学ばせる必要がある。それが学校に課せられた唯一の使命である、それ以外のことに色気を出してはいけない。

「話すように書く」などといって、話し言葉と書き言葉、口語《こうご》と文語《ぶんご》の境界をさらに崩そうとする人達がいる。この問題もまた、仮名遣いと同様の古い歴史を持ち、その根は明治中期以降、二葉《ふたば》亭四迷《ていしめい》、尾崎紅葉《おざきこうよう》らが始めた「言文一致《げんぶんいっち》」にある。話し言葉とは、時間に沿って流れる音声により、表現されるものである。それは、一方的に過去から未来へ流れる「一次元の存在」である。その流れは一様であり、誰も止めることは出来ない。まさに川の流れ同様である。そこに聞き取り側の自由はない。聞き逃せば、それでお仕舞いであるが、その分、後に残らないが故の「気楽さ」がある。

一方、書き言葉とは、紙面上に表された「二次元の存在」である。過去も未来も一望の下に存在し、その往来は何ら制限されない、全くの自由である。流れは読者が完全に掌握《しょうあく》している。地図同様、視線の赴《おもむ》くままである。読めない字は辞書を引く。ルビもある。他者に聞いても構わない。ただし、一旦書き残されたものは容易に消せない。後に残るものであるが故の「品格」を必要とする。

このように、話し言葉と書き言葉では、「次元が異なる」のである。話す時には、時間の流れの中に身を委ね、聞いて分かるように。書く時には、その特徴を最大限に利用して、出来る限り格調高く、精一杯に表現を工夫する、というのが当然の分け方である。しかし、先ず学ぶべきは書き言葉である。如何に格調高く、精密に、きちんとした文章が書けるかが問題である。崩すことは何時でも出来る。一番始めに学ばねばならないのは、以後の規範となるべき気品のある「文語」なのである。

美しき動機に導かれた夢想家は、常に大きな誤りを犯しながら、それに気附かない。「危険だ」という他にない。戦後の「国語問題」と、昨今の「教育改革」は瓜二《うりふた》つである。漢字の多寡《たか》や仮名遣いの煩瑣《はんさ》を敵視したひ弱な精神が、数学や理科などの自然科学の基礎に、その矛先《ほこさき》を変えただけの違いである。麗《うるわ》しき言葉を吐きながら、最も基礎的な教養である「言葉」と「計算」を蔑《ないがし》ろにして来た。両者の衰弱は、そのまま人間の衰弱である。それに気附かないことこそが、衰弱の証である。

第23章「アメリカと語学教育」にまつわる幻想

アメリカに対する幻想、あるいは誤解は非常に根深く、一向に改まる気配が無い。これだけテレビ中継が増えても「アメリカ人は素直に喜びを表し、心からスポーツを楽しんでいる。一方、日本人は……」といった俗説は今なお消えていない。これも一つの「合言葉」に過ぎぬからであろうか。

自らが優位にある時には大いに寛容《かんよう》の美徳《びとく》を示し、一旦その差が縮まると極度に不機嫌《ふきげん》な態度に豹変《ひょうへん》するアメリカ人の御都合主義は、様々な分野で指摘されてきたが、大リーグの不文律《ふぶんりつ》、「暗黙の諒解事項」とやらも随分といい加減なものである。「ホームランを打っても、派手なポーズで喜んではいけない、もし禁を犯せば、次打席で体に向けて球が飛んでくる」「大きな得点差がある状態で盗塁をしてはいけない、もし禁を犯せば」「プライドを傷附けられた」と相手が判断すれば「ぶつけられる」のである。無茶苦茶である。要するに時速百五十キロを超える硬球が頭部を直撃すれば、たとえヘルメットがあろうとも高確率で重傷を負う。これは警告の域《いき》を遙かに越えている。

こんな命知らずの「諒解事項」の下で、一体、何処の誰が「素直に喜びを表現」し得るだろうか。それに引き替え、我が国の「ガッツポーズ」とやらの派手なこと。日本人も「アメリカ人のように」もっと控え目に表現すべきだろう。ここでは野球を例に挙げたが、この種の錯誤は、両国間に存在する様々な問題に見られる典型的なものである。それは両国の文化観の差といった高尚《こうしょう》なものではなく、単に現実離れした、いや何時までも現実を見ようとしない日本側に問題があるのだろう。

◆アメリカは辛いよ◆

歴史の乏しい新興国であり、多民族国家であるアメリカには、国も人も無理にでも目標を掲げなければ、生きていけない辛さがある。目指すものは常にNo1であり、二番手に甘んじるくらいなら、それまでのキャリアを捨て、別の分野に転じてでも一位の座を獲得する必要がある。彼等には負けて終ることが許されない。それは何でもよい、その分野のトップにさえ立てば、他者から尊敬もされ、その結果、自然に精神的な落ち着きが得られる、そういった仕組になってしまっている。

「アメリカ人は、学校でディベートの訓練を受けるため的確な自己主張が出来る。日本人も彼等のように自己を主張しなければ、国際社会で生き残れない」などと安直に言われるが、人真似を勧める前に、そうしなければ生きられない国柄を慮《おもんばか》るべきである。必ずしも好きでやっているのではない。自己を主張しなければ、その存在が認知されないから、仕方なくやっているのである。

しかし、**彼等の「主張すべき自己がある、即ちこれ個性」という単純な図式に対する信頼、あるいは依存には危うさしか感じない。**この単純さを「力強さ」と誤解して好む人もいるだろうが、全ての争いが「過度の自己主張から始まる」ことに思い至れば、そこから導かれるのは、全てを勝ち負けで決める闘争の世界であり、誰も出口を見出せない迷妄《めいもう》の世界であることが分かるだろう。

実際、「アメリカは辛い」のである。その辛さを辛さとして内に籠もることなく、明るく吹き飛ばそうというのが彼等の長所であり、時に余りの御気楽ぶりに辟易させられるところでもある。その点、欧州や我が国には、そこまでの切実さ、その意味での辛さは無い。負けた人間も、もう少し楽に生きていける。歴史が、勝ち負けとは別の価値観を生み出してくれている。自己中心的な主張をすることは、著しく品性に欠ける行為と思われてきた。例えば英国でも、自分の行った仕事を他者に対して殊更《ことさら》に吹聴《ふいちょう》することは、「紳士として最も恥ずべき行為だ」とされてきたのである。

一口に「国際社会」などと言っても、そんなものは観念上にしか存在しない。兄弟国と見做される米英でも、自らの主張の通し方一つにも根本的な違いが見られる。敢えて定番表現に頼れば、アメリカは、直球勝負で相手に挑み掛かる。イギリスは、相手側がそれを認めざるを得ないように、言葉巧みに持ち掛ける、切れの良い変化球である。これは善い悪いではない。考え方の違いである。国柄、背負ってきた歴史の違いである。そして当然、日本も違ってしかるべきなのである。

◆母語と外国語の関係◆

シェイクスピアの『リア王』には、「nature」という言葉が、四十回程度繰り返し用いられており、研究家「ジョン・ドーヴァ・ウィルソン」によれば、その意味はおよそ次の七種に分けられるという。

一。森羅万象《しんらばんしょう》を作り出す力を擬人化した女神。
二。事物のおのずからなる秩序。
三。人間性、或は人類。
四。気質、性格。
五。親族間の本能的愛情。
六。肉体的構造、生命力、及びその機能。
七。伝統、仕来りに対するものとしての本能的衝動。

この七つの表現を、「自然」という日本語一色で塗りつぶすことも、それぞれを個別に、まさに雨上がりの虹の如く七色に塗り分けて見せることも、「不・自然」の誹《そし》りを免れないだろう。時に峻別し、時に混同すること、縛り附け、はぐらかすことが、「表現の豊かさ」の正体だからである。

一語一語の単語を腑分けして、表に取り出すことは出来ても、その意味は、収められていた周囲の環境に支配されており、個別に一義的に確定出来ない。即ち、語が集まって文を構成していると共に、文が語の意味を統制しているわけである。従って、「原作に及ばない翻訳」も、「原作を越えた翻訳」も、理窟《りくつ》の上では可能だろうが、両者がピタリと一致することだけはないだろう。翻訳にまつわる不等式には、決して等号は含まれないのである。ここに翻訳の難しさがあり、面白さがある。**元より、母語の能力が充分でなければ、言語というものの抽象性も、その全体像も掴み得ず、一つの基準、即ち「翻訳の物差し」を持つことが出来ない。**こうした問題を解決するためには、母語を操る能力が、外国語のそれと比べて格段に優越している必要がある。母語も適当、外国語も少々、という『虻蜂《あぶはち》取らず』の状態は、単に言語生活に不便であるというに留まらず、人格的な問題にまで発展する可能性がある。アメリカ人ほど徹底出来ず、日本人ほど融通《ゆうづう》が利かないために、アメリカに在っては日本を懐かしみ、日本に在ってはアメリカに憧れる。結局のところ、どちらにも所属出来ず、常に一方の陰口をきく、無い物ねだりの不平不満家になってしまう危険性がある。

母語を定着させる以前に、徒《いたずら》に外国語を学ばせていくと、まさに「言葉の放浪者」となって、観念を操作することに不慣れな、抽象的思考力の弱い人物になるのではないか、言語的な葛藤が、人格的なものにまで影響して、非常に不安定な性格を形成するのではないか、と思われるのである。

やはりここでも、「言葉は第一級の危険物」であることを大いに意識するべきであろう。少なくとも、幼児期から、「英語を少々、フランス語も少々」などという馬鹿げたことだけは、慎まねばならない。言葉は、「玩具にする」には危険過ぎる。取り扱い厳重注意である。

◆本物と偽物◆

こうした国際化の幻想、語学教育、幼児教育の幻想が我が国を覆っている。「日常会話云々」というのも、語学教育にしばしば登場する奇怪な言葉である。そもそも「日常会話」とは、何のことだろうか。夫が猛烈に仕事に精を出した結果、夫婦間の「日常会話」が、「疲れた」「腹が減った」「もう寝る」の三語のみになってしまった、と嘆かれたこともあった。こんな三語を翻訳するために、青年の掛け替えのない時間を浪費させるつもりなのだろうか。「日常会話ぐらいなら何とかなります」と半ば得意げに語られる時、一体それは如何なる内容を意味しているのかと訝《いぶか》るのである。

一番容易に身に付く言葉は、「日常会話」ではない、それは極めて「専門的な会話」である。制限された語彙、制限された状況下で交わされる専門的な言葉は、前後関係が容易に推察されるため、非常に分かり易いのである。それは、特殊な技能を有する人物、例えば、スポーツ選手、藝術家、技術者などの海外進出に、言葉が大きな障碍になっていないことからも分かるだろう。彼等は、いとも簡単に意思伝達をしているではないか。それは、共通の専門知識を基盤とし、身振り手振りを交えて行われる。この意味からも、語学教育よりは専門教育の方が優先されるべきなのである。手に職を附ける方が、口の端《は》に外国語を上《のぼ》らせることよりも遙かに重要だということである。

結局、極端に外国語を優先した教育は、母語を蔑ろにし、自国の文化に冷淡な「亡命者」を産み出すだけであって、その種の知性から吐き出される外国語は、「飲み食い寝る」の域を出ることはない。外国語漬けの教育環境を本気で望むなら、当然留学した方がよいだろう。「外国語を習得し、海外で職を得よう」というのであれば、将来の留学を念頭に置きながら、母語の学習に専心するより他に途《みち》はない。先ずは母語を、次に専門技能を、である。従って、語学教育の「効率だけを考える」のであれば、これまでの文学や藝術に偏ったものよりも、科学や技術に関する題材を採り入れたものの方が、より効果的だろうと思われる。実際、僅かでも数式が読める人は、その周りに何語が書かれていようが、内容の大凡《おおよそ》の見当は附く。それを頼りに他を理解することも出来るからである。

他者にも、そして自分自身にも騙されないために、基礎的なものの考え方を身に附けさせるのが初等教育の使命である。昔から質屋《しちや》の後継者教育の要諦は、「決して偽金《にせがね》を見せないこと」とされていた。本物の金だけを見続けている中に、次第に鑑識眼が養われ、「真か偽か」が容易に見分けられるようになるという。「真も偽」も混ぜ合わせた中から、「本物だけを選び出せ」などという無茶な方法は採らなかったのである。本物の何たるかを知らない人間が、偽物に敏感になれるはずもないだろう。こうした面からも、安直な「取捨選択・是々非々」の不可なることが諒解されよう。

偽物は様々に姿を変えて現れる。その全てに対応することは不可能である。従って、「絶対不動の本物」を学ぶことが最優先されたわけである。学問も藝術も同じことである。検証済みで確実な情報を元に学習を始めて、何が真か、何が美か、という鑑識眼を養わなければ、一歩も前へは進めない。そうした能力を身に附けさせるためにこそ学校が、初等教育が存在するのである。

第24章「知識と暗記」にまつわる幻想

教育とは、事物に関する事柄を、淡々と講じるしか他に方法の無い、果てしない人間の営為《えいい》である。しかし、そうした行いを倦《う》むこと無く続ける人の内なる情熱、その全人格的な広がりが、ごく自然に学生に影響を与えて、そこに本質的な教育効果が生じるのである。即ち、人が人に教えるなど不可能であると知ってなお、それを諦めない教育者の真摯な姿勢が、その難事を奇跡的に可能にするのであって、「心を教える」「生きる力を教える」などという態度で為し得るものではない。

知識の継承と技術の伝承、教育はこれに尽きる。この両輪が揃えばそれが全てである。

道徳を教育の眼目に挙げる人が多いが、それは「ドーナツの穴を食べろ」と言うに等しい。心の充実は、物との交渉により悟るか、有為の人材との交流が魂に火を点けるか、の何れかでしか得られない。従って、それは周辺だけがあって「中心が無いもの」であり、核心部分は、まさに個人の内面の問題としてのみ存在する、即ちドーナツの穴である。徳目を講ずることは出来ても、それは徳を育むことに直接は結びつかないが故に、文字通りの意味での「道徳教育」は不可能なのである。

また、知識を重んじないところに教育は存在しない以上、「知識偏重教育」などという言葉は、全く意味を持たないわけである。そもそも我が国の学校には、知識を「偏重」するほどの時間的な余裕は与えられていない。一般の入試が、ペーパーテストだけで実施されてきたことを捉えて、条件反射的暗記だけで合否が定まり、それにより人生が左右されると考えた人達が作り上げた幻想である。

要するに、「何を教えるか」ではなく、「如何に教えるか」が問題なのである。教える側の人間性が全てを決する。それが教育者を困難な立場に追い込む。「何々を教える」という表現の主語に、自由だ、平等だ、生きる力だと、如何に麗しき言葉を当てはめてみても、教える当人が、自由や平等の体現者であり、しっかりと将来を見据えた独立自尊《どくりつじそん》の人でなければ、唯の空念仏《からねんぶつ》に終るだけである。

教育とは、体系的な知識の継承が第一である。教育もその根幹たる知識も、この認識の範囲内において意味を持つ。ところが、世の中は成立範囲には興味が無い。中身の理解が伴わず応用が利かない人は、「死んだ知識」の持ち主と揶揄された。教える側もこれに配慮して、「単なる知識」ではなく、と附け加えるようになった。教師や学校に対して、「知識の切り売り」という言葉を浴びせては悦《えつ》に入《い》る人達もいた。切り売りか、量り売りかは知らないが、知識の教授に対価が発生するのは自然なことである。それに「売る」という言葉を添えることで、精一杯の嫌みとしたのであろう。

これらの悪口は皆、知識に対する「範囲を超えた期待」が、反転した結果であろう。上げて下げての大騒ぎである。勿論、ここで言う「知識の教育」とは、その量の多いことをもって良し、とするようなものではない。質が問題なのである。如何に量が多くとも、それが有機的に繋がり、相互の依存関係が明瞭になっていなければ、「揶揄される対象」にと成り下がる。この意味で、核になる知識、所謂「基礎知識」をしっかりと頭の中に根附かせ、その周囲に関連するものを整然と配置していかねばならない。**先ず、「覚えるべきことと、覚えなくてもよいこと」の違いを知り、両者を明確に分けられるようになることが必要である。**その上で、基礎知識を操り、そこから様々な結論を導き出して活用出来るようにすること、それが学校における知識教育の実態でなければならない。

◆暗記と考え方主義◆

知識を暗記の対象と捉え、さらに含みを込めて「丸」という接頭辞《せっとうじ》を加えて、「丸暗記」としてしまえば、知識悪玉論は完成する。ここまで来ると、記憶の対象は全て「悪」だと言って誰も怪しまない。こうして幻想が出来上がる。「丸暗記しても意味がない」「意味を理解すればよい、具体的な値はどうでもよい」「考え方を教えねばならない、後は生徒が好きにすればよい」「生活に無用なものを、何故に覚え込ませたいのか」と。よくまあ、これだけ俗耳《ぞくじ》に入り易い甘言を並べたものだ。

しかしながら、子供達は「丸暗記」が大好きなのである。彼等は、単純にそれが知性の証だと信じている。そして、互いに競い合い、勝敗を楽しんでいる。新芽《しんめ》が天に向かって一直線に伸びようとしているかに見える、この柔らかな光景が気に入らないのであろうか。折角、子供達が「自主的」に、心を「開いて」、「自由」に「遊ぶように学んでいる」、その対象を奪いたくて仕方がないようだ。

同じ問題を、別角度から見てみよう。何のために数学を学ぶのか。近年、この説明によく使われるのが、「数学の学習は、単に計算や図形の扱いを学ぶことではなく、論理的にものを考える力を養う、そこに最大の意義がある」とするものである。これを便宜上、「考え方主義」と呼ぶことにする。

さて、ここに一つの疑問がある。それは、この「考え方主義」が「何故、数学を学ぶのか」という基本的な問の答として、どれほど有効であったか、という点である。受験産業界においては、「数学は暗記科目である」と平然と言われる。この「暗記主義」は、相当の力を持っている。この主張に徹することで、合格する者がかなりの数存在するという現実が、その力の源《みなもと》である。要するに、「考え方主義」は、それが如何に正しい主張であっても、具体的な魅力を欠いているのではないか。

深く考えることそれ自体を放棄《ほうき》しているかに見える者に対して、唯でさえ拒否反応を示している数学を通して、「考える訓練」を行おうとするのは無理が過ぎるのではないか。「暗記主義」の暴風雨の前で、「考え方主義」が常に防戦一方であるように見えるのは、こうしたところに問題があるからではないか。加えて、数学嫌いの者にとっても、唯一出来そうに思えた「数や式の機械的な計算」に対して、学習者の現状や成長過程に配慮することもなく、徒に本質論を振り回して、「本来、数学とは……」と、ランク下の行為のように言われ、折角の志に冷や水を掛けられては堪らない。これでは、まるで立つ瀬がないであろう。また、「因数分解がパズルのようで面白かった」「コンパスと定木を使った幾何の作図が楽しかった」という「手を使う楽しみ」を知った人達もいるのである。

これは先に、「好きなもの探し」に関連して述べたことであるが、その「意義」を知らず、「意味」も分からずに、手慰《てなぐさ》みを続けていく中に好きになる、ということも人間の知的活動には多く、むしろそれが常態《じょうたい》のようである。例えば、その昔、漢文の素読《そどく》が、多くの名文家を育てたことがその好例であるが、同じ資格で、機械的計算や因数分解なども代表的な例として挙げられるのではないか。

どのような学問においても、学習者が「努力の見返りに求めるもの」は、驚きや感動なのであるが、多くの学生にとって、「考え方主義」は余りにもその「見返り」が少ないのではないか。実際、数学を学ぶことで「論理性」が身に附いたと報告する者は、余程よく数学に親しんだ少数の者か、あるいは、年輩になって「文化」の何たるかを知った後、数学に再挑戦した人などに限られるようである。「考え方主義」は、数学に「既に親しみを感じている者のみに対して、親しみを与える」という、初学者に対する指導原理としては、基本的な矛盾を含んでいるのではないだろうか。

◆量的議論と算術主義◆

数学は、大海原のように広い。その広さを知る者は、初学者に対して、狭い固定観念を与えることを恐れるあまり、「考え方主義」のように、多少具体的な効能を欠いてでも、全体像を伝えようとする。しかし、「本来、海とは……」と言われても、多くの海水浴客にとって、大事なことは浜辺での身の処し方である。興味があるのは甲羅干《こうらぼ》しや潮干狩《しおひが》りの方法である。百メートルも沖に出ることはない。太平洋の大きさや、七つの海をこの手に納める壮大な話は、全くの他人事である。

そこで、「考え方主義」の本質的な面を充分諒解した上で、新しい指導原理として、「算術主義」なるものを提案する。この考え方に特段の新味は無いが、数学を嫌う多くの人達に、ある種の有効性を持つであろうことは疑い得ない。「算術主義」とは、「考え方主義」を定性的議論であると仮定した時、相対する定量的議論に当たる。数学学習の意義は、「様々の事象の中から、当面の議論において無用と思われる部分を捨て、数や図形などに単純化した上で、定量的な見積もりを立て、その結果を現実に返して、問題点を具体的に把握するために学ぶことにある」と定義するのである。

「算術主義」とは、「定量的な見積り＝概算《がいさん》」を為し得る能力を育てる手法である。それは「発見的」であり、具体例に誘導された「実用主義」であるから、その有効性は言うに及ばない。人間の営みのあらゆるものから例を引き、そのそれぞれに定量的・合理的に解を与えていく作業は、それだけでも楽しめるものであろう。自然現象や社会現象における様々な算術的例を学びながら、議論の論理性を高めていけば、その結果、数学が、単なる計算技術を越えた何ものかである、という本質へと導かれるだろう。この時、初めて「考え方主義」が、本当の力を発揮するのではなかろうか。

第25章 「虚と美」にまつわる幻想

数学嫌いを自称する人は、先ずその「記号」を嫌う。「抽象的」であることを嫌う。「虚」を嫌う。しかし、抽象は具象から生まれ、虚は実から生まれる。そして、抽象により具象が明確化され、虚・実は相互に入れ替わる。虚は実であり、実もまた虚である。そこに存在の本質に関わる妙味《みょうみ》がある。

虚を存在しないもの、幻想そのものと見做すこと、これもまた一つの幻想である。

自分という最も手強《てごわ》い相手と取り組まねばならぬ成長期に、何故に「未知数x」如きを恐れるのか。「x」が抽象的だというならば、「愛」は具体的であろうか。人類共通のある情緒の彩《いろど》りに「愛」と名附けることは、ある一般的な変数を「x」と記すことと何の変わりもないではないか。

文字が集まって文となり、文が集まって小説が出来る。二次方程式は、記号による「小説」である。数の計算、文字の扱いなどの「初等的な文法」を卒業して、ようやく一冊の小説が読めるようになる、それが二次方程式である。それは、「平方根」の製造所であり、「虚数 i」の母胎《ぼたい》である。また、プログラミングに必要な「場合分け」を学ぶ最良の場でもある。二次方程式には「解の公式」が存在する。この種の「解ける快感」は、一次から四次までの代数方程式でしか味わえない、極めて珍しいものなのである。このような本質的な問題を一切考えない人達は「解の公式」を、「虚数」を敵視する。虚数などという実在しないものを、実際、何の役に立つかも分からないものを教える必要はない。「もっと役に立つことを、もっと役に立つことを」と、宝の山を前にして叫ぶのである。

「虚礼廃止」といって、万人周知《ばんにんしゅうち》の儀礼的行為を殊更に否定する人達がいる。しかし、「虚礼」を廃すれば、同時に「礼」も失う。そもそも「礼」とは全て「虚」である。御辞儀をするにしても、玄関で靴を揃えるにしても、そこに理論的な根拠は無い。在るのは、一人でも多くの人が気持ちよく暮らすためには、如何に物事を約束するべきか、という歴史的、経験的な判断だけである。礼儀作法に反撥する人の多くは、「虚」の意義を認めない。「虚」だからこそ必要だという考えに至らないのである。「虚」を追放してそこに湧き上がるのは、一切の統制を失った喧噪《けんそう》と混乱だけである。

さてさて、文学者は一体何をしているのであろうか。ここぞ文学者の出番ではないのか。役に立たないことが、如何に人間にとって重要なことであるか。役に立つとか立たないとかいう一元的な価値観が、如何に危険なものであるか。そもそも愛は役に立つのか。愛で腹が膨《ふく》れるのか。こうした問題を常に意識して論じてきたのが文学ではなかったのか。今こそ数学者と文学者は、共同戦線を張るべき時ではないのだろうか。虚学の誇りに賭けても。「もっとiを、もっと愛を」と。

果たして虚数は幻想か。何故、空想的な数を定義して、後に続く人々に教えようと励んできたのか。それは単なる数学者の悪趣味なのか。「そこに実在する、かのように」考えること、それは我々人類に与えられた「特権」である。森鷗外《もりおうがい》も小説『かのように』において、次のように書いている。

「かのようにがなくては、学問もなければ、藝術もない、宗教もない。人生のあらゆる価値のあるものは、かのようにを中心にしている。昔の人が人格のある単数の神や、複数の神の存在を信じて、その前に頭を屈めたように、僕はかのようにの前に敬虔に頭を屈める。その尊敬の情は熱烈ではないが、澄み切った、純潔な感情なのだ」

藝術と科学、両者を結ぶ架け橋に、無用な関所を設けるべきではない。両者は本来一つのものである。そこに不要な扉を附け、鍵を掛け、門前に山のように岩を積み上げては、両者の分断にひたすら努力している者も多いように見受けられる。『不二《ふに》』、即ち本来「二つならざるもの」を強引に分かつことは、両者の生命力を奪うことに他ならない。科学の衰退は藝術全般の衰退、数学の衰退は**文学の衰退、人間精神の衰退である。数学は、『人間精神の名誉のため』にこそ存在するのである。**

◆負の連鎖反応を止める◆

この半世紀、学校内外における教育環境は劇的に変わってきた。大学においては、文学部や、理学部、数学科や機械科といった伝統的な名称が、まるで厄介者のように捨てられ、人間科学や数理科学といった包括的《ほうかつてき》なものに取って変わられた。しかし、全ての名前弄りは混乱の元でしかない。

さて、学外に目を転じれば、在野の研究者や学会、財団、書店などの多大なる協力があって、様々な企画やセミナーの類いが開かれるようになった。啓蒙書も巷に溢れ、多くの読者に親しまれているることは、誠に慶賀《けいが》に堪《た》えない。しかし、問題は所謂「数学嫌い」「科学音痴」と呼ばれる人、あるいは、それを自称する人の数が減ったかというところにある。膨大な量の教材の流布《るふ》、その影響力に比して、確かに目に見えて減ったと断じ得るか。具体的な資料、数的な裏附けを持たないままで、その印象だけを吐露《とろ》することをお許し頂ければ、「とてもそうは思えない」のである。

その理由の一つとして危惧しているのは、例えば、数学教育周辺でしばしば耳にする「センス」「エレガンス」「美」といった言葉である。それまで数学に余り関心を持たなかった人が、まるで天啓《てんけい》に打たれたが如くに、数学の面白さを語られる時、そこには見事なまでにこの種の言葉が散りばめられている。その典型が、初等幾何学における「補助線」に対する応接である。

仮想的な一本の線を描き加えることにより、図そのものが「もはや証明は自明」とばかりに語り掛けてくる。その無駄の無い美、エレガンスに感動し、数学的センスの重要性を他の人に説かれる。実際、これは多くの数学者の「原体験《げんたいけん》」の一部を為しており、何も悪い話ではない。著者を含め書き手側の多くは、こうした感覚を味わって貰いたくて、様々な工夫を凝らしているのである。

ところが、これらの言葉が、その内実《ないじつ》を伴わない形で独り歩きを始めると、そこに大きな弊害《へいがい》が生じてくる。センスとは何か、エレガントな解法とは如何なるものか、と言葉の詮議立てをしたところで、結局は個々人の感覚に行き着かざるを得ない。その普遍性《ふへんせい》は深く本質に根ざした理解が伴うまで見えてはこないからである。その結果、昨日は劣等感を持っていた人が、今日は表面的理解をもって優越感に転じ、新たな劣等感の火種になっている。所謂『贔屓《ひいき》の引き倒し』である。

学んだ事柄を他に伝えるに際して、「センスの問題だ!」「この美が感じられないの?」といった挑発的な台詞を附け加えられては、教育・啓蒙の波及効果は、この段階で打止めになる。誠に残念ながら、これまた具体例を幾つも挙げられるほど、繰り返し見せられてきた光景である。折角、一人の興味を喚起《かんき》したかと思えば、その人が原因となって、新たな数学嫌いを生んでしまう。これでは差し引きで効果はゼロだということになる。仮に、指導的な立場にある方が、このような対応を取られた場合には、非常に大きなマイナスになるだろう。この辺りに、社会全体における「数学・科学を嫌う人の割合」が一向に減少していないように見える、そのカラクリがあるように思う。

本当に理解した人は、相手の無理解を責めない。「こんなことも分からないのか」と、相手を下に見るような真似をするはずがない。彼は自分に問い掛ける。何故、この人は理解出来ないのかと。そして、相手が理解出来るように話せない自分を再確認する。様々な工夫をして、分かって貰おうと努力する。即ち、全てを自分の責任として引き受けるのである。優越感などに浸《ひた》るはずもない。

こうした悪循環に至らぬように、「漢方薬風の温和な構成」で理解を促しても、「劇薬を用いてでも、その場で理解させる」とする先導者がいれば、即効性を持つその妖しい魅力に漢方は勝てない。しかし、劇薬は「体を育てはしない」のである。学問への道は、「生理反応としてのビックリ」ではなく知的な驚き、それに由来する「内発的な興味」「失敗を恐れぬ勇気」から始まる。**『失敗は成功の基《もと》』ではない、次回に避けるべき要点を明確にしたという意味では「成功そのもの」である。本当の失敗とは「一度の失敗で節《せつ》を曲げること」であり、「二度同じ失敗を繰り返すこと」である。**

数学はセンスなど無くても、充分に楽しめる。エレガントな手法に因らずとも、結果が正しければ、当面それで充分である。力尽《ちからづ》くの無骨《ぶこつ》な方法を指して「エレファントな解法」と呼ぶ場合があるが、これは唯の言葉遊びではなく、その特徴を巧みに表したものである。実際、補助線で満足せず、座標を用いた直接的な方法、非常に手間で見通しが悪い方法を試してみることにより、座標の本質や計算の意味が分かり、次の段階に踏み出していけるのである。劇的な構成の講演を聴いて立場を一転させる人は、そこで得た体験に囚われるあまり、地道な方法、腕力を駆使する無骨な方法を忌避して、結局、より大きな立場から数学を見る機会を逸する場合が多い。数学は美しいが、美しさだけで成り立つものでも、それに縋《すが》っていれば十全に理解出来るというものでもないのである。

厳密性は数学の命であり、証明無くして数学とは言えないことも事実ではあるが、それを学習のどの段階で学ぶべきかについては、様々な判断がある。数学そのものと「数学観」は異なるのである。如何なる大学者であろうとも、「数学とは何々である」として提示される数学観は、数学という巨大な存在の一部を切り取ったものに過ぎず、他の部分を矮小化《わいしょうか》させ、無用の混乱をもたらす可能性すらある。「厳密か厳密でないか」、二者択一のはずの数学であっても、「やや厳密でない」だとか「ほぼ厳密ではあるが」といった文言《もんごん》が、「厳密を謳《うた》うテキスト」にも書かれている。学習の進度によって、論証の網目《あみめ》は自在に調整されるということである。こうした深い教育的配慮を無視し、欠けたることのみを断罪するような態度で論評を加えても、誰の益にもなりはしないだろう。

「聴衆は、プロでも知らないこと、よく分かっていないことばかり聞きたがる」とはファインマンの嘆きである。プロがよく知っていることを聞いてこそ、意味のある対話になる。よく聞いて学んでから生まれる質問こそが、本当の質問である。「良い質問だ」と返されることを狙わず、素直に問うて欲しい。『耳学問』は重要である。『謦咳《けいがい》に接する』という言葉もある。自分より少しでも詳しい人に、対面で問う機会を得たなら、何としてもそれを活かすべきである。ここでも問題になるのは、やはり「自分自身に対して張る見栄」である。照れず、構えず、真っ直ぐに問うて欲しい。

既知の問題から未知の問題を導き、解いていくのがプロ。未知の問題から既知の結果を導き、途方に暮れるのがアマである。物言わぬ書物が相手であろうが、実際の講演者が相手であろうが、この点を履き違えて繰り出される質問は、空を切るばかりである。先ずは、展開されている論旨《ろんし》に従って、自分を「無」にして学ぶことである。それを他者が如何に評しようと、意に介す必要はない。

第26章「三日坊主」にまつわる幻想

この言葉が肯定的な意味で使われることは、先ず無いだろう。『三日天下』にも同様の響きがある。一方、『継続は力なり』という言葉もある。こちらは逆に、否定的な意味で使われることがない言葉である。確かに、その意味するところに全く異論は無い。しかし、「何事も経験だ」という人までも、『三日坊主』を認めないのは何故だろう。何事も経験なら、「三日に渡る経験」は貴重だろうに。

初日には興味津々《きょうみしんしん》であったものが、二日目には飽きてくる。そして、三日目には諦めて止めてしまう。「そんな飽《あ》き性《しょう》では、何も為しえない」という戒めの言葉なのだろう。しかし、他者に強制されて、初日から大欠伸《おおあくび》で参加しているのなら別であるが、たとえ「一日」でも、それに没頭する時間があったのなら、もうそれで充分な成果ではないか。一日は長い。24時間は相当に長い時間である。

24時間、起きているのも寝ているのも難しい。24時間、食を絶つことすら苦痛である。

三日天下も同じこと。たとえ一日でも天下を取れたのなら、何を恥じる必要があるのだろうか。

F1では、一周の最速記録を立てた者を「ファステストラップ」として記録する。アメリカのインディカーでは、周回ごとの首位を「ラップリーダー」と呼び、その回数に応じて賞金を出している。そこに三日天下を侮《あなど》る発想はない。竜頭蛇尾《りゅうとうだび》を恐れず、天下の所在を詳細に記している。『八面《はちめん》六臂《ろっぴ》』の活躍でも、『四面楚歌《しめんそか》』だと感じる人はいる。八方塞《はっぽうふさ》がりの只中でも、『八面玲瓏《はちめんれいろう》』たる人もいる。全ては考え方一つである。結果から逆算するばかりでは、誰も寝床《ねどこ》から出られまい。

◆人生における「割合」◆

さてここで、「人生における物事の割合」について考えてみよう。

子供の習い事について、嘆きの声をあげている親の姿をよく見掛ける。「何をやらせても長続きしなくて」というのが定番のようである。しかし、続くとはどれくらいの期間のことをいうのか。

五歳児の一年は、全人生の20％に相当する。五十歳児が余暇《よか》に始めた一年とは十倍、いや百倍以上の密度の差があると言わねばならない。楽器にしろ、語学にしろ、基本的なところはたちまち習得してしまう。それでもなお、大人は子供のしていることを侮る。書店や図書館などで、子供が読みたそうにしている本を、「あなたには無理だ」と言って奪い去る光景をよく見るのである。大人の十年、百年に相当するのなら、子供の一年は大変な「長続き」ではないか。子供が、そこで何を学んだか。表には出ていないものまで含めて、しっかりと見てやるべきなのである。

スポーツにしろ、藝術にしろ、学問にしろ、十代の中盤から後半にかけて、一気に世界の頂点へと躍り出る人達がいる。こうした人達の基礎は、当然「幼児の時代」に築かれたものである。その成功の秘密は、「本物」が近くに居る環境で、一途に精進したことに尽きる。古典藝能や、職人の人生も同様である。彼等は、一筋の道を求めて、全人生の九割近くを修練に費やしているのである。

子供の一途さに応えた大人が「本物」を与え、本能の赴くままに自由に楽しませたら、人類の宝とも呼ぶべき才能が現れてくるであろう。未来は、子供達の一途さが作るのである。

『男子三日会わざれば刮目《かつもく》して見よ』という。僅か三日の間でも、その成長には著しいものがある、その成長を見逃さないために、よく目を開いて見よという意味である。ここで「男子」を「幼児」に置き換えてみれば、より一層この言葉の持つ意味が身に沁《し》みるだろう。数日の出張から帰った父親が、まるで別人のように歩き、話す子供の姿に驚愕《きょうがく》する光景は、何も珍しいものではない。

ホンの小さな「役職」を与えただけで、劇的に変貌する小学生の姿を、責任感の塊になっていく中学生の姿を教師達はよく知っている。僅か数日の修学旅行の前後で、顔附きまで変わっている。優れた教育者は、こうした成長期限定の特性をよく知った上で、**用意周到に「準備された偶然」を提供し、それを遙かに上回る「本物の偶然」を引き出す**のである。それが教師の腕である。

「三日坊主」を如何に捉えるかによって、その人の真剣さが推し量れるだろう。何事も外野に立って、他者の言動を冷やかすだけの人は、これを大いに笑うだろう。何かに取り組みたい、何かをものにしたいと足掻《あが》く人は、「三日でも充分だ」と考えるだろう。正月だって「三が日」ではないか。「三日坊主」で止まっても、「四日目は休養日」だと考えればいい。また新しい「三日」を始めればいいのである。これを「三勤一休」と捉えるか、はたまた「一勤三休」と捉えるか。それは人によって違うだろう。しかし、「三日坊主」を恐れない人は、必ずや清々《すがすが》しい「四日目」を見附ける。

唯一つ明白なことは、目的や計画ばかりに拘っているようでは、何も学べないということである。目標・目的・アイデアは小さな小さな数、「微小数」に譬えられる。従って、安易に「掛け算」をすれば、たちまち消えてしまう。「絶対確実な方法」を用いても、それが「斬新なアイデア」を含むものである限り、両者を掛け合わせた結果は極めて小さく、即ち実現の確率は低い。複数のアイデアを持ち込めば、唯それだけでゼロ同様になる。よって、真に創造的なアイデアは、「計画」には乗らない。もし、計画的に出来たなら、それは「既存の発想を出るものではない」ことになる。

先ずは始めてみる、現実にはそんな無鉄砲《むてっぽう》な方法しかない。ジグソーの要素をばらまいて、揺さぶりを掛ける。そして自《おの》ずから収まる場所が決まる。それ以外に方法はない。才能の問題ではない。努力の問題でもない。試行錯誤《しこうさくご》以外に、難問を解決する方法など、最初から存在しないのである。

計画性を云々し、自らが立てた目標通りに進めると強く主張する人は、それ以前に「荒唐無稽《こうとうむけい》な脳内実験」を何度も実行して、事前に失敗例を取り除いている場合が多い。幸か不幸か、この種の人はそうした実験を瞬時に熟《こな》す能力を持つため、自身の本質に気附いていない。実際には手当たり次第、何でもありのシミュレーションを含めての「計画性」なのである。従って、その緻密さに目を奪われて、「理想の計画だ」と前のめりになって採用しても、裏に隠された失敗にまで考えが及ばない人は、「何故自分の場合には上手くいかないのか」と悩み、現実を呪う結果に終る。

◆人生における「貯金」◆

「理想にのみ詳しい素人《しろうと》」が、「現実の難しさを知る玄人《くろうと》」を批判する。困難な問題に、何とか折り合いを附けて、事を前に進めようとする専門家を、理想家が、いや夢想家が餌食《えじき》にしようと狙っている。多数決をもって事を決する世の中は、素人の理想を選んでしまう。不特定多数という名の妖怪、これは時に大衆と呼ばれる。妖怪は万能であり、不死身である。『衆寡敵《しゅうかてき》せず』と知るべし。

理想しか知らない、理想しか見えない、理想だけで出来た理想の番人達は、泥まみれの実行者をあざ笑って、「こうすれば出来る」「こうすれば簡単だ」「何故そうしない」「何故うまくやらない」と糾弾《きゅうだん》する。そして、壁に突き当たるや否や、それは実行者の仕事だと逃げるのである。

俗に「波瀾万丈《はらんばんじょう》の人生」だという。しかし、波瀾万丈でなくても人生は人生である。激動であろうと安寧《あんねい》であろうと、人生は半ばは自分が、半ばは世の中が導いたものであることに変わりはない。「51の成功」と「49の失敗」により、「差額2」を得た成功者は、上がって下がって大騒ぎの果てに、ようやく辿り着いた静かな心境について語る。一方、「5の成功」と「2」の失敗をした者には、「差額3」の取り分がある。成功者の一割にも満たない実行例であるが、差額において勝《まさ》っている。上がりも下がりもせず、生涯に渡って独り静かに生きている。しかも、より貯金が多いわけである。

末期《まつご》に臨んで「迫り来る空しさの中から、ようやく何かを掴んだ」と語る成功者に対し、「最初からそんなものは知っていた」と語る者、その何れが本当の成功者だろうか。栄耀栄華《えいようえいが》を極めた後の枯れた心境と、初めから枯れた者。その差は何か。なるほど生涯賃金は多かろう。名誉にも地位にも格段の違いがあるだろう。しかし、その行き着いた先が「人生の空しさ」なら、なけなしの優越感がそれを語らしめているのだとしても、やはり空回りの大活劇《だいかつげき》の風《ふう》であることは否定出来まい。

どう足掻いても百年の人生である。百億円あったところで、一日は三食に過ぎない。百万円の晩《ばん》餐《さん》が百円の握《にぎ》り飯《めし》に勝る保証はない。『起きて半畳《はんじょう》、寝て一畳《いちじょう》』である。天まで届く大遊覧飛行をしても、地上すれすれの低空飛行をしても、到着地点が同じなら、引け目に感じることなど何も無い。

「三日坊主」を揶揄する陰には、「理想の番人」の姿が見える。綿密な計画を立てて実行する、それが出来たと自慢する「成功者」の息遣いが聞こえる。しかし、成功も失敗も、全ては過去の話である。大切なのは過去ではない、先々の計画でもない。全力を尽くすべき今、この瞬間である。刮目して見て貰う程ではなくとも、人は一日で変われる。「一日を笑う者は一日に泣く」のである。

第27章　「独創と模倣」にまつわる幻想

「長く鎖国状態にあった日本には、科学・技術の基礎が無く、西洋から大きく遅れていた。開国後、その吸収に躍起《やっき》になったものの、基礎研究の弱さは今も続いている」というのが、小説などによくみられる我が国の「設定」である。要するに、独創性を否定することから話が始まるのである。「無いものを有る」と妄想するのも悲惨だが、「有るものを無い」というのも酷い話である。日本文化の本質は、『創意工夫《そういくふう》』という言葉に尽きる――もし御不審《ごふしん》とあらば、家庭料理をしかと見よ！

先ず、我が国には「和算《わさん》」という独自の数学の伝統がある。数学史家の中にも、「和算には証明の概念がない」などといって、場違いな西洋数学の基準を持ち出しては、その存在を軽視する向きもあるが、それは全く見当違いな批判である。問題を設定する能力、それを解決する知性、不屈の精神力、何れをとっても和算家は真性の研究者である。和算は、我が国が誇るべき知性の集大成である。

彼等の存在、その活躍は、江戸文化の精華であるが、誠に遺憾《いかん》ながら、歴史教科書などではその内容にはほとんど触れられていない。実用計算の指南書《しなんしょ》として「我が国初のベストセラー」となった『塵劫記《じんこうき》』を著した吉田光由《よしだみつよし》。ニュートン、ライプニッツの同時代人であり、その発想の雄大さ独創性において、彼等微積分《びせきぶん》の創始者に勝るとも劣らない輝きを見せた「算聖《さんせい》」関孝和《せきたかかず》。関の一番弟子である建部賢弘《たけべかたひろ》は、円周率の計算に独自の冴えを見せ、さらに和算の方法論を体系的にまとめた著作を物したことで知られている。久留島義太《くるしまよしひろ》は、詰将棋の作者としても勇名を馳《は》せた。

また和算家ではないが、七世名人三代伊藤宗看《いとうそうかん》・贈名人伊藤看寿《いとうかんじゅ》の兄弟は、詰将棋集『将棋無双《むそう》』『将棋図巧《ずこう》』を著し、その構想の雄大さ、論理的思考力の凄まじさを後生に伝えている。詰みに関わる三枚以外の全ての駒が盤上から消え失せる「煙詰《けむりづめ》」や、「六百十一手詰」等々、人知の限りを尽くした作品の数々は、現在もなお続く詰将棋界における不滅の金字塔となっている。

こうした「伝統の力」が、維新以後の西洋文化の吸収にも大いに役立ったのであろう。高木貞治《たかぎていじ》はドイツに留学し、「日本人が来るなら、やがて猿も来るだろう」と陰口される中、当時世界数学界最高の難問の一つを見事に解決し、現在、「高木の類体論」と呼ばれる独創的研究へと歩を進めた。岡潔《おかきよし》はフランスに留学し、むしろ日本化して帰国した。孤立を恐れず、独自の境地から生み出されたその論文「多変数解析関数について」は、数学の最高峰の一つとして輝き続けている。小平邦彦《こだいらくにひこ》、広中平祐《ひろなかへいすけ》、森重文《もりしげふみ》らは、フィールズ賞を射止め、日本数学の国際的地位を一段と高めた。

湯川秀樹《ゆかわひでき》のノーベル物理学賞は、原子核内部の結合力問題を、「新粒子の予言」という形で解決したことによる。その後に続いた朝永振一郎《ともながしんいちろう》の業績も、「廃墟からの奇跡の声」とまで感嘆された素晴らしいものである。今なお我が国の理論物理学者は全て、何らかの意味でこの両先生の係累《けいるい》である。

工業界においても、世界屈指の業績を挙げた人物は枚挙《まいきょ》に暇がない。世界の住宅の屋根に林立する「八木・宇田アンテナ」の発明者八木秀次《やぎひでつぐ》。高柳健次郎《たかやなぎけんじろう》は、「電子式無線遠視法」を世界に先駆けて開発し、現代テレビジョン技術の父と呼ばれている。池田菊苗《いけだきくなえ》は旨味《うまみ》の研究で大成果を挙げ、真《ま》島利行《じまとしゆき》はウルシ成分の研究で大輪《たいりん》の華を咲かせた。世界の高速鉄道の規範となった新幹線の生みの親である島秀雄《しまひでお》。日本人として唯一「自動車の殿堂」入りを果たした本田宗一郎《ほんだそういちろう》、等々。せめて名前だけでも知っておいて貰いたい「ビッグ・ネーム」は幾らでもいるのである。
また、応用技術は、天才の存在だけでは進展しない。現在、我々の日常の生活を支えている電化製品の多くは、理論先行の欧米の商品を、改良に次ぐ改良で遂に実用的レベルにまで引き上げた、我が国の技術者の平均的な能力の高さによるものである。そうした平均値の向上のために、自らの生涯を捧げ、弛《たゆ》まず努力し続けた幾多の教育者の存在があったことも忘れてはならない。

◆現代人の多面性◆

ある特定の職業に、如何なる素養が必要か。如何なる教科が必要か不要か。どうも世の中には、何でも分かる魔神のような人がいるらしい。直ちに次のような答が返ってくる。

画業に数学は必要か…………否。
シェフにデッサンは必要か……否。
スポーツ選手に地理は必要か……否。
ＩＴ技術者に歴史は必要か……否。
小説家に物理は必要か…………否。
職人に哲学は必要か……………否。
営業マンに音楽は必要か………否。
政治家に藝術は必要か…………否。
学生に学問は必要か……………否。

こうして列挙していけば、明らかだろう。単純至極な、筋肉の痙攣《けいれん》のような「否定」の洪水が、如何に馬鹿げたものか。現代において人は多面的、多層的に生きている。経営者が消費をしないわけではない。如何なる大企業の社長も、一歩小売店に入れば、一消費者に過ぎない。「バーゲン大好き、主婦大喜び」などとマスコミは単純に値下げ商法を賞賛するが、商品を生産している企業から見れば、利潤《りじゅん》が下がって一苦労であろう。そして、大喜びの主婦の家庭が、その企業からの俸給《ほうきゅう》で暮らしているとしたら、果たしてそれは値下げなのか、将来の賃下げなのか。ジリ貧への序曲なのか。

現代人は、知らず識らずの中に幾つもの役を演じている。まさに『この世は舞台』なのだ。

勤め人は労働者であり、同時に商店では一介《いっかい》の消費者であり、納税者であり、その税に恩恵を受けて、福祉を受ける立場にもあり、保険の加入者であり、その受領者でもある。

夫であり、かつては妻の恋人であり、今や老後の不安に共に怯える人生の伴走者《ばんそうしゃ》であり、子育てに悩む父であり、その前に親の子であり、父兄会の役員であり、町内会の委員である。

仏教徒であり、神式の結婚式を挙げ、クリスマスを楽しみ、正月は飾り附ける。某政党の支持者であり、某球団の応援団であり、時に茶の間評論家と化し、ゴルフクラブの会員であり、日本酒の愛好家であり、ワインの収集家であり、愛煙家であり、度々の禁煙挑戦者でもある。読書家であり、常連の投稿者であり、会社の新役員の大本命であり、将来の社長候補と自ら堅く信じている。

このように多面的に暮らしている現代人の日々の生活に、何が必要で、何が不要かを軽々《けいけい》に論じることが、如何に馬鹿げたことか。それをさらに遡って、「学生時代に要・不要を決めよう」などという発想が如何に愚劣か、ホンの少しでも考えてみれば誰にも分かることだろう。

画家は、キャンバス上の幾何学者である。黄金比《おうごんひ》は必須の知識である。
シェフは、テーブルの上にフルコースをデッサンをする。
世界を股に掛けるスポーツ選手に、国際地理は欠かせない。
ＩＴ技術は、人類史の全てをコンピュータ内に収めてしまう。
小説家は、人の情を語ると共に、大自然の理を知らねばならない。
職人は、手に語らせる哲学者である。物の世界の語り部である。
営業マンは、売って買ってのリズムで勝負する。
政治家は、理想と現実の狭間《はざま》で揺れる実社会の藝術家である。
学生に学問は必要だ！

若年時《じゃくねんじ》に、選択肢を自ら狭めるように行為することは危険である。あらゆる職業には、それ以外の職業が複雑怪奇に関与している。個人の生活も同様であり、要不要は神のみぞ知ること、人知の及ぶ問題ではない。しばしば「マルチな才能で御活躍中の……」などという紹介文を見るが、ここまでに示してきた通り、現代人は例外なくマルチであり、そうならざるを得ないのである。それが、「幾つもの派手な分野を渡り歩くに足るマルチであるか否か」、そしてその「各分野での第一線に立てるか否か」という違いがあるだけである。つまりは「程度の差」でしかない。何かを嫌うことも、避けることもあるだろうが、自分には無関係だと断じること、先んじて要不要を決めることだけは慎むべきであろう。くれぐれも「役に立つ・立たない」という幻想に御用心ということである。

第28章「若さと言葉」にまつわる幻想

ピラミッドの落書きにまで、「最近の若者は……」という決まり文句はあるそうだ。ならばこれは古今東西、まさに時空を超えた世代間の根本的問題ということになる。そこで「世代間の対立、無理解は常に存在する」と訳《わけ》知《し》り顔《がお》で言うことも出来よう。しかし、存在することと、それを容認することは違う。容認することと推進することはさらに違う。ところが、何故か「存在から推進へと至る真一文字の道」が準備されている。それを施工《せこう》するのは、常に年輩者のように思われる。

モラルの低下を嘆く声は多い。その一方で、「全ての若者が悪いわけではない」「立派な青年も随分いる」との声も挙がる。当り前である。社会全般のモラル低下という問題は、量的には取るに足りないごく僅かの人間によって惹《ひ》き起こされ、それを取り巻く「圧倒的多数の無関心層」が暗黙の諒解を与えることによって、定着するからである。そして、そこに便乗組とでも呼ぶべき「物解りのよい年輩者」が参戦することによって、「悪《あ》しき風潮」は「新しい風俗」へと昇華されるのである。

年輩者が、最も恐怖とする言葉は、どうやら「古臭い」「年寄り臭い」「時代遅れの」「頑固な」であるようだ。一方、褒め言葉はこの反対、「新しい」「若々しい」「時代に適応した」「柔軟な」である。これはまた大変な幻想を仕込まれたものである。年輩者が「何時までもお若い」と言われて相好《そうこう》を崩している様子には驚かされる。かつては「年の功《こう》」という言葉にも重みがあった。人間は、年齢を重ねただけ「功」があるといわれてきた。何時までも若くては「功が無い」ではないか。

若さの象徴が挑戦心ならば、それを自負する者は、自らの「老い」を直視し、それこそを挑戦の対象と考えるべきであろう。続く世代にとって重要なのは、長年の苦労が皺《しわ》の一本一本に刻まれた人間の顔であって、年齢不詳のフィギュアのような面相《めんそう》ではない。人間には、年齢に応じた身の処し方がある。「年寄り臭い若者」も、「若々しい老人」も、それぞれ大きな忘れ物をしているのだ。健康で長寿が「人生の目標」では、目的と結果が逆立ちしてしまう——長時間の逆立ちは体に悪かろう。

『天寿を全うする』という言葉はもはや死語同然である。偉大な仕事を成し遂げ、喜寿も過ぎて大往生された地位も名誉もある人物を、マスコミは「早過《はやす》ぎる」と報じる。より長く生きて活躍して貰いたい、という切なる気持ちと、この種の報道は全くの別物、似て非なるものである。社会に大きく貢献された方に、それ以上のことを望むのは、返って失礼というものである。

年輩者の役割は唯一つ、年相応に老けることである。古臭く頑固で、自身の信じる価値観に殉《じゅん》じて、一旦決めたらどうにも動かないこと。「青年の主張」を聞く耳は持っても、容易にそれに同意しないことである。若者が全力を挙げてぶつかり、ぶつかられても跳ね返すだけの力を持っていること。その行為自体が青年の成長にも繫がる、見上げるような壁。この壁を越えなければ自分達に未来は無い、と思わせるような偉大な「抵抗勢力」として存在することが、年輩者の存在意義である。

「世の流れに従って」「変化する時代に対応して」等々決まり文句には事欠かないが、本当にそんなに変わってしまったのか。確かに技術面では多少の進歩が見られるだろう。しかし、これとて未だに「雨が降れば傘」である。千年前に建てられた木造建築が積年の風雪に耐え、なおその威容を誇っている一方で、二十一世紀の建て売り住宅の床面では、ビー玉が右に左に転がっている。

唯一本当に変わってきたのは、「世の中変わってきた」という人間が増えてきた点だけだ。どの時代にも変革者はおり、それを嫌い伝統的な生き方に拘る人間もいた。両者が火花を散らし、互いに他を否定し、その否定の中から新しい肯定を生み出すべく、真摯に向き合ったからこそ、人類に進歩があったのである。葛藤のない世の中からは、意味のある新しさは現れない。その責任の大半は、「物解りのよい年輩者」側にある。保守すべきを保守しなくては、革新派の立つ瀬がないではないか。

人が世に生まれて、乗り越えるべき最初のライバルとして眼前《がんぜん》に立ちはだかるのは、両親であろう。そして、遂に「本当のライバルは、乗り越えるべきは自分自身である、自分の弱さこそ克服すべき最大の敵である」と気附くその日までは、親に最大限に健闘して貰いたいのが、子供の本音ではなかろうか。**高貴な精神は、常に艱難辛苦《かんなんしんく》を求め、それを乗り越えることを欲するのである。**

腰の引けた両親、軟弱な兄弟、迎合する家族が尊敬されるはずがない。愛されるはずがないのである。相互に道の通じていない愛情など愛情ではない。愛を履き違えた家庭には、凶暴な精神が育つ。克己心の旺盛《おうせい》な強い精神を育てるためには、媚び、諂《へつら》い、迎合に根を持った見掛けの「優しさ」こそが大いに邪魔をするのである。心の底から「叱られること」「糺《ただ》されること」を願っている子供達を、精一杯反対の方向へ連れて行っては、想像も附かない結果を招くことにもなろう。

全て向きが反対なのである。「もっと愛情を注いで」と言われれば、箸をも持たせぬほど甘やかし、「もっと厳しく躾《しつけ》て」と言われれば、骨折するほど殴りつける、そんな極端な状態になっている。教育は、それを受ける「人に合わせて」行われるものであって、流行の教育論に「人を合わせて」行うものではない。最大の問題は、このことが当事者達に全く自覚されていないことである。

◆攪拌器と分離器◆

子育て経験の乏しい「核家族の形態」が問題だといわれてきた。そうかもしれない、そうでないかもしれない。唯一つ明白なことは、社会全体が連続したものではなく、各世代ごとに切り離された別個のものとなり、世代間の会話が極端に減少してきたことであろう。かつては親類縁者《しんるいえんじゃ》が近隣に住み、「石を投げれば親戚に当たる」という田舎もそこかしこにあった。そして、**大家族という名の「攪拌器」も機能していた。**生まれ落ちたその日から、家の中には様々な年齢の人間がおり、知力においても体力においても、明確な階層が存在していた。そうした、決して勝ち目のない相手に囲まれて、子供達は如何にすれば自分の主張を通すことが出来るかを、ごく自然に学んだ。

赤子の時は、ひたすら愛嬌《あいきょう》を振り撒き、なお叶わねば大声で泣きさえすれば事は足りた。しかし、この手は何時までも通用しない。続いて沈黙の心理戦が始まり、我慢を覚える。そして、相手の要求を飲むことが、次の機会に自分の要求を飲ませることに繋がる、という交渉の機微を悟る。両親を相手に、ある時は兄弟に、またある時は祖父母に、叔父叔母にと、巧みに戦略を使い分けなければ、決して事は成就しない。異なる年齢、性別、立場の人間が多数入り交じる環境は、小さな、そして「最も安全な社会」を構成しており、誤ることを恐れずに、精神に決定的なダメージを受けることなく、「世間の仕組」を学ぶ機会が得られたのである。それが家庭というものであった。

今や攪拌機は消え失せ、**無関心という名の「遠心分離器」《えんしんぶんりき》が猛威を振るっている。**各世代は、まるで比重の異なる流体の如く、層ごとに見事に分離され、決して交わることはない。僅かな対流は各層内部でのみ行われ、全体を貫く熱の流れは存在しない。互いにそこに存在することだけは確かであるが、没交渉《ぼっこうしょう》の別世界である。「お前はお前、俺は俺」では、兄弟間に切磋琢磨も生まれない。魂の交流の無い家庭は、安手のビジネスホテルに等しい。相互不干渉の原則は徹底され、縄張り意識のみが肥大化した。その結果、家族の絆はさらに弱まり、誰もが精神の安定を欠くようになった。言葉の乱れ、言葉の軽視がそれを助長し、話す意志を持ってはいても、互いに言葉が通じない。

ある国語学者は言った。「言葉は絶え間なく変化してきた。乱れているのが常態、それが言葉の宿命だ」と。変化や乱れが存在することと、その善し悪しは別問題である。確かに乱れは存在する、だからそれを認める、とはならないはずである。「自然に乱れていく」というのなら、なおさらそれを監視し、被害を最小限にくい止めるように努力するのが、国語を愛する者の責務ではないのか。

ところが、ここに「存在から推進へと続く道」が準備されているのである。一般の人は、専門家なら自らの研究対象を厳しく見守っているはずだと「錯覚」する。しかし、彼は病巣《びょうそう》を切除する医師ではなく、事態を窺《うかが》う傍観者《ぼうかんしゃ》であり、「言葉の変遷《へんせん》」という劇を楽しむ常連の御客様なのである。いや、そもそも今の言葉の乱れの問題を、千年単位の言葉の研究を生業《せいぎょう》とする「古典を専門とする国語学者」に聞くことが間違っているのだろう。そんなタイムスケールから出てくる結論を有り難く頂戴するわけにはいかない。それは指紋を調べるのに、天体望遠鏡を持ち出すようなものだ。

祖父母、両親、子供達の三代に共通する言葉が無ければ困る。その程度の時間の幅で、意志の疎**通にも事欠くような変化、「言葉の乱れ」があっては困るのである。**全ては、世代間に対流を起こさせる「攪拌機」を失ったためではないか。心に小さな傷を付け、本人もそれと気附かぬ中に治してしまう、それが家族というものだろう。今や大家族の長所は、忘却の彼方である。

相性が好いとされる、年輩者層と子供達が接する機会は今や極めて少なくなり、仮にあったとしても、度々のカリキュラムの変更が招いた教科内容の乖離《かいり》は甚《はなは》だしいものなので、逆に子供達から「おじいちゃん、おばあちゃんは何も知らない」とやり返されることすらある。俗に『十年一昔』というが、確かに風俗はこの周期で繰り返されているように見える。街の風景も変われば、移動の手段も変わってくる。しかし、このペースで言葉や教科内容が変化されては堪らない。

子供達は最初、自分達が今日習ったことは、大人なら誰でも知っていると信じている。そして、そのことに関して、共に語ろうとして話を持ち掛けてくるのである。ところが、その望みはほとんどの場合、瞬時に崩れ去る。少しの違い、ホンの小さな間違いが、子供にとっては大問題なのである。信頼は泡のように消え去り、再び学校で習ったことに関して話そうという気を無くしてしまう。大人にとっては、修正可能な「違い」が、子供にとっては「間違い」になってしまうのである。こうした状況を、度重なるカリキュラムの変更が助長している。今やほとんどの親は、「自分達とは時代が違うから」といって、最初から子供の勉強を見ることを諦めているようである。

基本の反復教示に飽きない年輩者層、それを確かな知識として採り入れる子供達、この両者の理想の関係が、家庭という一つの「学習の拠点」において、全く活用されていないことは誠に遺憾《いかん》である。学校を第一、塾を第二とした時、家庭は「第三の拠点」と見做せる。序列が重要なのではない、それぞれが相異なる役割を持ちながら、三者が互いに補完し合うという認識が重要なのである。文化的な意味での「家族の絆」とは、「何らかの学びを媒介にしたもの」であることを忘れてはならない。学習の拠点たることを放棄した家庭には、家庭本来が持つべき暖かさも育たないだろう。

第29章 「無邪気な子供」にまつわる幻想

さて、人皆すべて経験済みのはずである「子供」なるものの存在が、全く正当に理解されていないのは、実に不思議な話である。「子供」に関する最も幼稚で、通りのよい俗論が「無邪気な子供」という表現に代表される「子供天使論」である。本当に我々は「そんなに美しかった」のだろうか。**人間には、「良くなることで悪くなること」が非常に多いものである。**

例えば、色々な問題をしっかりと自分の頭で考えるが故に、具体的な問題を解決する能力がなかなか身に附かなかった子供が、成績の悪いことに悩み、以後一切考えることを止めて、「徹底的な暗記戦術を採ることを決意した」としよう。その結果、彼の試験の成績は瞬く間に上昇し、担任からも親からも賞賛されるようになる。ところが、この成績が良くなった理由は、彼自身にとっては、かつての志である「自分で納得するまで考えよう」を捨てた結果に過ぎないのである。見掛けの成績は良くなったが、志は低くなったのである。理想を捨てて現実を取ったのである。

それを痛感している彼は、褒められる度に、大人の「眼の悪さ」に苛立《いらだ》つようになる。目立って悪さをしていた子供が、非常に落ち着いて「良い子」になった場合でも、それは単に悪さを隠す巧妙さを身に附けただけで、人間の質としては、より「悪い子」になっていることもあるだろう。親が、自分の子供の自慢話を始めた時、当の本人は笑顔を見せないものである。それは照れているからではない、怒っているからだ。親の頭の悪さに、本当の自分の姿を見ようともしない、その怠慢に。

◆褒めること叱ること◆

「褒めて育てる」とはしばしば言われることである。その対極を「叱って育てる」と名付け、親子関係における両者の極端な場合を考えてみよう。後者の子供は、親に対する反撥心だけが醸成《じょうせい》され、「陽的な非行」に走るようになる。家出や喧嘩沙汰《けんかざた》などである。自分自身を破壊する衝動に駆られるようになる。一方、前者の場合には、親にとって、自分は無用の存在であると錯覚し、その縁を絶つことだけに熱心になる。いじめや万引きなどである。親を見くびり、世の中を舐《な》めて、「陰的な非行」を得意とするようになる。親にとって、自分は玩具《おもちゃ》の如き存在であると分析し、他者を貶め、嘲り笑うことに快感を覚えるようになる。親を困らせることに執心するようになる。

要するに、どちらも極端なものは、教育としての意味を為さないのであるが、ここで大切なことは、**「褒めて育てる」手法の弊害に対して、世の親達が全く無警戒に見えることである。**「褒められて気分の悪い人間はいない」とよく言われるが、褒められたくもないこと、むしろ、内心の衰えを叱咤《しった》されたいと望んでいることに対して、軽はずみに褒められると、精神の屈折が始まり、他者に対する不信の念が爆発的に生じてくる。この問題は、単に親子関係だけではなく、師弟関係、会社での上下関係など、様々な人間関係において存在する一般的なものであろうが、特に子供の場合において極端な結果を導くのである。当り前のことであるが、褒められるべきところで褒められ、叱られるべきところで叱られないと、健全な精神の成長など全く期待し得ないのである。

一方で、これらの性質を曲解して、子供の限界も見極めず、何でも大人のすることは、早期にやらせればよいと早合点する人も多い。少年期には、学ぶべきことが山のようにある。同時に、知る必要がないことも山ほどある。人生は有限である。見るもの聞くもの何事に対しても、まるで乾ききった海綿《かいめん》のように、激しく吸収してしまう「祝福された期間」はホンの一瞬でしかない。詰まらぬ寄り道をしている暇はない。知らねばならぬ時が来れば、如何に逃げ回っても知らされる。『今来れば、後には来ない――後に来なければ、今来るだけのこと』である。ものごとには適齢がある。学ぶべき時がくれば、宿命は決して容赦《ようしゃ》しない。それで充分ではないか。こうして、子供達に大人の真似事ばかりさせるから、大人になっても子供じみた事件ばかり起こすようになったのだ。

◆学校の意味◆

学校は大きな家庭ではない。同様に家庭は小さな学校でもない。両者は相補《あいおぎな》って、初めて人間育成の場として有効に機能する。どちらか一方だけでは充分ではない。これが絶対的な前提である。

ここで、学校と家庭の差異に注目するために、ある科目を教えることに関して、全く同じ力量をもった学校の教師と父親がいると仮定しよう。同じ力量ならば、父親の方が、他の誰よりも繊細に長期に渡って指導することが出来るので、より優れていると思われるのであるが、実はそうではない。そうした、むしろ長所と思われる点こそが、決定的な短所となる場合が多いのである。これは少人数学級の問題の場合にも適用出来る一つの真理である。即ち、指導が上手くいかないことを、教師の不熱心や、目の行き届かなさの所為にしては、全てを誤る可能性があるというのである。不熱心とは言わないまでも、定刻にやってきて定刻に終る、非常に事務的に見える教師の方が、学生の方も事務的に反応して、それが一種の「けじめ」になる、と言う専門家もいるのである。

要するに、家庭と学校は紙の表と裏、電気のプラスとマイナス、磁石のNとSのように、どちらが欠けても意味を失う不可分一体のペアであり、同種の物の並びではないということである。ところが、これらを混同し、学校に家庭的な暖かさを要求し、家庭に事務的な関係を持ち込んで、両者の特徴を相殺させている人が多い。何度でも繰り返すが、両者は異なるが故に尊く、共に必要な存在となる。中途半端な混ぜものは、それ自身として意味が無いばかりか、その枠内で暮らす、親、子、教師、生徒、全ての関係者に不幸をもたらす。「こんな筈ではなかった」といった各位の落胆《らくたん》の声を聞くことが稀でないにも関わらず、この種の根本的な問題が議論されることは極めて少ない。

学校が学校らしく、家庭が家庭らしく、その特徴を生かして存在することが、教育の最低条件である。「何々らしく」という表現には昨今反撥が強く、直ちにその定義が問い返されるようであるが、その一方で同じ口から「自分らしく」などという、一段と正体不明の言葉が漏らされ閉口することも多い。ここは常識に仲を取り持って貰おう。一身にて二役を熟すことが極めて難しいが故の、親であり教師なのである、家庭であり学校なのである。両者の役割分担を間違えてはいけない。

「家庭のような学校」「学校のような家庭」では、独立独歩の精神を持った個人は育たない。「学校で躾を、家や塾で勉強を」という見当違いの期待を掛けられた子供達は、結局、「家で躾られず、学校で学ばない」ままに卒業してしまう。相互の役割を混同した悲劇である。家庭と学校を両端とする「線分」は、両者が異なれば異なるだけ長くなる。その結果、子供達は、そこに二つの異なる世界があることを認識し、日々の往来を楽しむようになる。異世界への冒険旅行は、家族が唱える魔法の呪文、「いってらっしゃい」に始まり「おかえり」にて終る。それが両者の健全な姿である。

第30章「オンリーワン」にまつわる幻想

気軽に歌詞を書けない時代になった。「常識の範囲」という言葉が死語になったのであろう。『物言えば唇寒し秋の風』『雉《きじ》も鳴かずば撃たれまい』『口は災《わざわ》いの元』と、他者のことを論ったり、余計なことを口走ったりすることを戒める警句は色々とあるが、『歌は世につれ世は歌につれ』などというものもあった。これも死語だろうか。「ナンバーワンではなく、オンリーワンを目指す」という言葉、あるいは考え方がここまで定着したのは、やはり「あの楽曲の力による」ものだと思われる。

さて、誰もが知っている、それを否定しない言葉には「圧力」が伴う、そこに「幻想」が生じることは、本書の一貫した主張である。さて、ナンバーワンとオンリーワンは、それほど違うものなのだろうか。ナンバーワンならば、必ずオンリーワンのはずではないか。玉座《ぎょくざ》は一つのはずだろう。

逆に、オンリーワンとは、他とは比べるものが無いという意味であるから、狭い範囲の中でのナンバーワンだと称しても差し支えないだろう。要するに、「対象一億人」の中の第一位か、「対象一人」の中の第一位かの違いだけである。両者はイコールでは結べないにしても、極めて近しい関係にあるものであって、「ナンバーワンではなく……」と殊更に違いを強調出来るものではない。共に「第一位を目指す」という点では変わりがない。比較を拒み「自己新」を掲げる本書としては、「対象一人」であることは元より当然の仮定であり、その意味では「オンリーワンを目指せ」との主張であると解されるかもしれないが、それは少し違う。ここで、その違いについて説明しておこう。

◆自らを乗り越える◆

人が「オンリーワンの存在」であることは自明であり、そもそも「目指す必要などない」はずのものである。それは指紋《しもん》や虹彩《こうさい》と同じく、生まれながらにして他と異なっていることの再認識に過ぎない。ところが、そうした「微差」に飽き足らず、意図をもって他者との積極的な区別化を計ろうとする時、そこに無理が生じて、苦しくなるのである。「オンリーワン」になるために、他者に負けないものを探すという段階で、既に「新たな競争に巻き込まれている」といって過言ではない。

人間は、他者を意識して、それと異なる道を歩もうとすればするほど、その物真似になってしまうようである。意図すればするほど、それを避けようとするほど、対象に飲み込まれて、単なる亜《あ》種《しゅ》に留まってしまうのである。**意図せず人と異なるからこそ「異才」と呼ばれるのであって、本来「異才になる」ことは出来ないものである。**それはまさに定義矛盾である。誰かの亜種になることを恐れて、敢えて基本的な作品の勉強や、周辺の調査などを避けるタイプの作家もいるほどである。

もし「オンリーワン」が、こうした「異才になることの勧め」だとすれば、これは元より出来ない相談だということである。例えば、実際にサイコロを振らずに、その出目《でめ》を十個ほど書いてみよう。その時、多くの人が「サイコロの本質」に引き摺られて、ランダムを自演してしまう。「六、六、六、六、四、四、……」などと書く人はあまりいない。しかし、実際のサイコロにおいては、案外同じ目が続くものである。「サイコロは六つの目が均等に出るはずだ」という知識が邪魔をして、ランダムを装ってしまうわけである。そうすれば「実際に振っていない」ことがバレない、あるいは逆に、「同じ目を続ければインチキだと思われる」と考えてしまうのである。

自然に振る舞うことと、意図をもって避けることは、これほどに違う。その違いは、分かる人には一目で分かる明確なものになる。元より「ナンバーワン」である必要も無ければ、「オンリーワン」である必要も無い。勿論、それを目指す人はそれでいい。しかし、自然に振る舞い、自然に到達した「オンリーワン」でない限り、それを「目指すこと」は苦痛にしかならないものである。「夢」や「希望」や「目標」と同じく、「探しても見附からない」ことに落胆する結果になるだけだろう。本来、「探すべきでないものを探す」という段階で無茶な話なのである。その無茶が通ってしまった。まさに『無理が通れば道理引っ込む』の通り、またしても常識は幻想に敗北したのである。

本書が掲げている自己記録の更新、「自己新」とは、こうした広い意味での「第一位」を目指す考え方ではなく、自らの過去を乗り越える、その一点に尽きている。その結果、他者に抜きん出ることになっても、最下位に沈んでも、そんなことには頓着《とんちゃく》しないのである。昨日出来なかったことが、今日は出来るようになった、それだけで充分だ。そうした日々の営みの繰り返しのみが、人生の成果であって、それが結果的に自分自身を、思いもしなかった遠くにまで運んでくれるのである。

◆老いてこその可能性◆

逆に、昨日出来たことが、今日出来なくなった時、人は老いを自覚する、いや自覚すべきなのである。特定の集団の中で、なお優位にあったとしても、それは意味を為さない。あくまでも比較を拒み、自分を基準にして、進歩したか、退歩したか、はたまた現状維持かを振り返らねばならない。

老いに対する自覚と準備は、早ければ早いほどよい。その手遅れは、人生最大の悔いを招く。

年相応の生き方とは、老いを自覚することから始まる。一般的な人間の肉体的ピークは、二十代後半であろうか。もしそうなら、三十歳は「既に自己新が望めない、良くて現状維持」の年齢だということになる。四十歳の異称が『初老《しょろう》』であることは何やら象徴的である。しかし、最大の問題は、還暦を超えてなお、「若い者にはまだ負けん」といって現実逃避する人が多いことである。「それは心の若さのことだ」と粘る人もいるが、肉体であれ精神であれ、「若い」という言葉に拘るその姿勢こそが、既に若さが持つ柔軟性を著しく欠いたもの、即ち「老いそのもの」なのである。

本当に心が若く柔軟であれば、「たかが老化だ」と逸早く自らの老いを認め、素早く転進するはずである。そうすれば、新たな分野における初心者として、再び「自己記録」の更新に挑むことが出来るだろう。即ち、**老いを認めることは、自分自身の新たな可能性の発見なのである。**現実逃避によりその可能性を自らの手で葬っていたことに気附いた人は、人生最大の衝撃を受けることになろう。

例えば、肉食を野菜中心に変え、短距離をマラソンに変え、テニスをゴルフに変え、将棋を大逆転の少ない囲碁に変えることで、新しい自己を発見することが出来る。これは先鋭的なものから、やや温和なものへ、蓄積が意味を持つ種目への変更である。脚に不安があれば杖を使い、それでも辛ければ積極的に車椅子の世話になる。老いを真正面から受け入れ、環境の変化に素早く対応すれば、こうした補助具が苦も無く使える。本当に必要になってからでは、操る苦労が倍増するのである。

斯くして趣味の範囲が拡がり、交友も多彩になり、全方位的な教養と自己を真摯に見詰める人間性を併せ持った人物になって、所謂「年の功」を得るのではないか。「若さ」という欲から解放されることこそが、老境の楽しみなのである。以上、『他山《たざん》の石《いし》』の石屑《いしくず》程度のこととして記しておく。

第31章「スポーツ」にまつわる幻想

およそ七十年前には、国柄《くにがら》に背くものとして恐れられたスポーツが、今や誰も否定することが出来ない巨大な存在になった。ベースボールの訳語「野球」が正岡子規《まさおかしき》の手になるものであることからも分かるように、明治維新以降、スポーツは既に国内にあった。しかし、戦後の隆盛はその比ではない。そして遂に、学校では体育ではなく「競争のあるスポーツ」を主にすべきだという意見まで出てきたのである。亡国《ぼうこく》の印とまで言われたものが、今や基礎教育を席巻《せっけん》する勢いである。

これを推進している人達、特にスポーツ関係者は、自分達の権益を拡げたいといった野卑《やひ》な発想からではなく、何事も競争を避け「皆で手を繋いでゴールする」といった「社会の実態とは遠く離れた悪夢の如き映像」が脳内で繰り返し再生されて、その主張を次第に強めていったのだろう。

獣性《じゅうせい》の否定が理性である。学校は「争って止まない、人の奥底にあるその獣性」を撓《たわ》め、抑えて、理性的にすることが目的である。にも関わらず、余りにもそれが行き過ぎたために、今度は「スポーツという名のワクチン」を植え付けることで、その一部を目覚めさせた上で、全体を安全に制御しようという目論見《もくろみ》なのだろう。しかし、最高のエリート達の祭典であるはずのサッカーW杯においてすら、ゴール前での争いはまさに修羅場である。手を使わないはずのサッカーが、互いにユニフォームを掴み合って引き摺り回している。そして、誰もそのことを咎めない。誰も恥だと思っていない。真摯にルールを守ることではなく、その隙を突くことが奨励されているようにも見える。

◆失われた「道」の精神◆

果たして彼等は「安全に制御されている」のだろうか。本当に金や地位に目が眩んだだけの人達ならば、自分を不利にする酷い反則行為などしないであろう。しかし、目を覆うようなラフプレーが、世界中のどのレベルのスポーツでも繰り返し行われていることを見せられると、ワクチンの容量・用法が間違っているのではないかと疑わざるを得ない。金でも地位でも名誉でも抑えられない、理性が吹き飛んだ状態、人の獣性に根ざした制御不能の状態にあると言わざるを得ないのである。

そうした現実があるにも関わらず、なお学校にスポーツを、勝ち負けの無い体育を廃して、「子供を大人にし、大人を紳士にするスポーツを」と言うのだろうか。本当に適切なワクチン、適切な用量が理解された上でのことなのだろうか。甚だ疑問である。これは勿論、サッカーだけに限らずスポーツ全般、ルールが縛り、審判がそれを判定する競技全てに言えることである。ルールを厳格化すればするほど、その抜け穴を探す者は絶えず、審判の目を盗もうとする者も増えていく。

本来、武道においては「常識」だけが、それを規定していた。審判は己自身であった。それが「道」である限り、そこから外れるか否かだけが問題視されたわけである。さて、柔道が「道」であることから離れ、競技柔道となり、遂にスポーツと呼ばれるようになって、何を得て何を失ったか。時間の管理が機械化され、厳格化された反動で、負けない戦略のみが尊ばれ、わざわざ帯を緩めにする者まで現れた。勝っては畳の上を走り回り、負けては座り込んで抗議をする始末である。

競技人口を増やすための妥協が、その本質を理解する意志の無い者まで呼び込んでしまった。武道を名乗るなら、何よりも先ず『求道』であって欲しいものだ。今や自ら負けを認めて投了するのは、将棋の棋士ぐらいになってしまった。彼等はコンピュータ相手にすら、事前に口を潤《うるお》した後、丁寧に頭を下げて「負けました」と言っているではないか。将棋「道」よ永遠なれ。

◆自己新のための伴走者◆

学校の授業としては、現状の体育の「改善」で充分だと思われる。その気がある人は、既に部活動や地域のスポーツ団体に参加している。体育が目指している、健康で暮らすこと、体を頑健《がんけん》に保つことは万人に対して意味があるが、闘争本能を刺激することを目的としたスポーツは、それに対応しきれない人達を数多く生む。闘う相手が間違っているのである。闘うべきは自己である。他者ではない。繰り返し述べてきたように、正しい競争心とは、自己を向いたものだけである。

もし、身体運動に関連する競争原理を学校に持ち込みたいだけであれば、ロボットに頼ればいい。

例えば、ウサギ型のロボットを作る。このロボットは、伴走者として最速百メートルを十秒で走ることが出来る。そして、横を走る人の動きに完全にシンクロしながら、そのデータを記録し、後で再現する能力があり、次回以降、その記録を参照しながら、走者のホンの少し前を走るようにも後を走るようにも、自由にプログラムすることが出来るものとする。序盤・中盤・終盤と、その人の走りの癖を完全に再現しながら加減速するウサギ、それは昨日の自分自身、その投影である。

こうして自己記録の更新だけが目的になる。その志がロボットによって具現化《ぐげんか》される。クラスで一番になることが目標ではなく、誰かに定められた数値でもない。昨日、自分が出した記録よりも、少しでも早くなるように、少しでも合理的に走れるように、ウサギはアシストしてくれるのである。

今やこうしたデータ収集型のロボットは、極めて安価に作ることが出来る。問題は、こうした発想を学校側が受け入れてくれるか否かに掛かっている。実際、伴走型のロボットは既に存在している。MITがウサイン・ボルトのトレーニング用に開発したものがあったらしい。如何にもな話である。しかし、これは活用の方向が全く反対であることは、読者には既にお分かりだろう。トップエリートの訓練のためではなく、自己の投影、共に歩む仲間としてロボットを活用するのである。それこそが「人を幸せにする使命を担った工学の王道」である。これならば、「かけっこが一番嫌いだ」という子供も少しは減るのではないか。昨日、50ｍ走に20秒掛かった子供が、今日は19秒になる、その結果を本人が明確に意識して、進歩を実感することが出来る、それが大切なのである。

　MLBでも「伝説」になったイチロー《鈴木一朗》、中村俊輔《なかむらしゅんすけ》の藝術的FK、世界王者として君臨する羽生結弦《はにゅうゆづる》、佐藤琢磨《さとうたくま》のインディ制覇、BABYMETAL《すう・ゆい・もあ》の独創性、将棋の羽生善治《はぶよしはる》・藤井聡太《ふじいそうた》、そして……。僅か40年前には実現不可能と言われた夢物語を、アニメの最終回すら超える「伝説的名場面」として演じた各界の主役達である。彼等は皆、比較・優劣が明白な世界に身を投じながら、逸早く他者の幻影を封じ、「克己心の錬成」に徹してきたように見える。『初心忘るべからず』の警句そのままに、圧倒的な情熱で自らの初心に徹してきたのではないか。飛び抜けた実力が故ではない。その姿勢こそが、もたらした実力である。**他者との比較、市場調査的発想を退けてこそ得られた力なのである。**

　誰かに勝つのではなく自分に勝つこと、それが一番大切である。仮に学校スポーツの究極の目的もまた、そこにあるのだとしても、余りにも歩留《ぶどま》まりが悪く副作用が強いのではないか、というのが偽らざる実感である。それが短絡的な意味での「学校にスポーツを」を支持しない理由である。

第32章 「生存競争」にまつわる幻想

俗に「人生は闘いだ」と言われる。しばしば「生存競争を勝ち抜かねばならない」と教えられる。こうした競争に関わる負の心理、所謂「優越感」「劣等感」「虚栄心」「慢心」「自虐」といったものを本書では繰り返し採り上げてきた。これは仏教では『小我』と呼ばれ、己そのものを見詰めるのではなく、他者との比較の上に立って物事を計るという悪しき状態、迷妄の状態だと認識されている。

この小我からの脱却、獣性からの脱却こそが、数学者岡潔が晩年の全てを捧げて説いたところである。この点を語らずして、岡の本質を見ることは出来ない。数学と情緒の話は、その前段に過ぎない。一般に岡が知られるようになったのは、文化勲章受賞後に相次いで出版された随筆によってである。即ち、専門が近いごく一部の数学者以外の岡潔像は、全てその随筆が元になったものである。そして、「本質だけを残し、夾雑物を排除する」という、学者としては当然の言動に、奇行《きこう》を見たマスコミが飛び附いた。映画のモデルにまでされて、一躍「時の人」として祭り上げられたのである。当時、岡が著作に繰り返し引用した「前頭葉《ぜんとうよう》」は、流行語として物真似の対象にもなった。

しかし、書かれたものは随筆の体裁を取ってはいるが、その内容は決して容易に汲み取れるものではない。今も昔も、誤解の只中で弄ばれている。岡の論文が難解だとすれば、随筆は実に難渋である。それは世評の高い小林秀雄《こばやしひでお》との対談においても変わりはない。両者の話は噛み合ってさえいない。読み易い、分かり易いと思うのは、これもまた一つの「幻想」である。

従って、ここでは岡の心の働きを非常に強く現していると思われる四つの言葉:「他人を先にし、自分を後にせよ」という家訓、「売るべき物がある中は、働かずに学問に没頭すべきだ」という信条、「すみれはすみれの如く咲けばよい」という警句、そして「日本に数学をではなく、数学の中に日本を投げ込め」という啖呵を掲げるに留めておく。これらの言葉を深く味わう方が、随筆の微細な中身に立ち入るよりも、より直裁《ちょくさい》にその精神に迫れるのではなかろうか。

二十世紀中頃という時代背景も考慮しておく必要がある。何事も時代に沿って考えるべきである。当時、岡や鈴木大拙《すずきだいせつ》が熱心に説いたのは、西洋と東洋の違い、その対立である。それを極めて単純にまとめれば、「闘争と和合の違い」ともいえるだろう。フランスに留学した岡、アメリカで長く暮らした大拙、最も普遍的な学問である数学、全人類に影響する宗教という専門を持つ二人が、「どうしても書かずにはいられない」という切実な気持ちを持って広く世の中に訴えたのである。

その根本は、「東洋の精神、中でも最も重要な残すべきところ」が、やがては駆逐されるであろうという危機感からであった。東洋人だから東洋を守護したのではない。日本人だから日本のあるべき姿を論じたのでもない。東洋が日本が、世界において果たすべき役割がある、その重要性は極めて大きく、遠慮などしている暇は無いと判断したからこそ、論陣《ろんじん》を張ったのである。この志を、彼等が日本人であることを理由に「手前味噌だと感じる人」は、その邪念によって全てを誤解する。

そして、二人の碩学のこの危惧は、まさに的中したと言わざるを得ない。些末な事例を挙げれば、先の「学校教育にスポーツを」にも端的に表れている。それを誰も「おかしな話だと思わない」ところに、駆逐前夜の悲哀を見る。しかし、これもまた日本文化の大きな流れの中では、得意の換骨奪胎の渦の中で消化し、新たなものへと昇華されていくのかもしれない。だが、仮にそうだとしても、決して油断するわけにはいかない。何百年という時の流れの中での揺り戻しに期待して、今の世の中を殺伐《さつばつ》としたままに放置しておくことは、同時代を生きる者として、無責任の誹りを免れないだろう。やはり、西洋流の争いの芽は、一つひとつ丁寧に摘み取っておくべきなのだ。

我々一人ひとりが無益な競争から降り、「降りてこそ充実した本物の人生が掴める」ことを積極的に示せれば、西洋も変わるだろう。世界もそれに従うだろう。人を救うはずの宗教の名において、血生臭《ちなまぐさ》い闘争が繰り広げられている現実を日々見せ付けられるにつけ、穏やかな宗教観を持つ東洋の思想をより積極的に訴えていく必要を感じる。これこそが岡や大拙が、また明治維新以降、颯爽《さっそう》と登場した各分野の俊英達が望んでいたこと、まさに『和魂洋才《わこんようさい》』の本質ではないかと思われる。

◆本末転倒を糺す◆

元々競争に不適合な人が、無理強いされてする競争ほど、精神に負担を掛けるものはない。その無理強いが「圧力」を超えて、世の中全体を統《す》べる「環境」のようなものになった時、一切の逃げ場が無くなる。まさに泥沼である。その環境作りの本丸が、「生存競争」という言葉である。「人は生きねばならない」に始まり、「生存競争は不可避である」「生きるためには食わねばならない」「食うためには働かねばならない」「働かなければ生きられない」といった終ることの無い連鎖が周りを囲み、身動きが出来なくなる。そうして追い詰められた人は、「この連鎖を断ち切るためには、最初の設定が間違っているのだ」と考えざるを得なくなる。それが様々な悲劇の原因になっている。

何故、斯くも「人格の陶治《とうや》」と勝負事を関連附けたがるのか。自らの語彙の少なさを、「闘争だ」「本能だ」といった煽り文句で誤魔化《ごまか》されても困る。「負けて悔しくない人などいない、その悔しさが人を育てるのだ」と当然のような顔で言われても困る。そんな人なら何処にでもいるのだから。

「勝利か、それがどうした」とは、歴戦の勇士の述懐である。争いの果ての空しさ、それを争う前から感得している人もいる。それを世の中は「勝負から逃げた」と批判する。「悔しくないのか」と罵倒する。本当にそうだろうか。何故、争いを避けることが批判の対象になるのか。勿論、負けて悔しくない人は、勝って嬉しくない人である。それは、大人が子供に喧嘩で勝っても嬉しくないように、地球と喧嘩して負けても悔しくないように、圧倒的な能力差を仮想して争いから距離を置く人である。勝負事に垣間見える人の獣性を、博徒《ばくと》同様として排《はい》する人は幾らでも存在するのである。

これは『負け惜しみ』ではない。『負けるが勝ち』などという屈折でもない。そもそも「勝負の世界」には無縁なのだから、悔しさも嬉しさも無いのである。唯々「何があっても屈しないぞ」と決意するのみである。戦場でしか生きられない者もいれば、書斎でしか生きられない者もいる。有名を求めて勝負の世界を彷徨う戦士もいれば、無名を好み人里離れて陸に沈む学者もいる。互いに他を強制する必要も、牽制する必要もない。君は前へ進め、僕は後を護る、それで充分ではないか。

「食うために生きる」といった本末転倒が、大手を振って伸《の》し歩くから、これに絶望する人が出てくるのである。確かに必要最低限の競争は免れない。他の生き物の命を元に、我々は生存しているのであるから。そこまで戻れば絶対的な真理にも見えよう。しかし、この悪循環を乗り越えてこそ、人類に未来はあるのだ。先ずは、「幻想」ではないかと疑うこと、そこから始めねばならない。

第33章 「幻想」にまつわる幻想

さて、いよいよ終幕である。僅かでも視界を拡げて頂けたであろうか。本書では、疑問符を附けるのみで賛否を掲げなかった。「気楽に行こう」という提案を、決して気楽でない文体で書いたのは、「圧力」や「幻想」が持つ断定的な表現に対抗するために、短く鋭い「剛《ごう》」なる表現を必要としたからである。また、「柔《じゅう》」なる言葉の持つ心地良さが、「新たな幻想」を生むことをも恐れた。しかし、剛・柔は常に表裏一体のものであり、それは『柔能く剛を制す』と、後に続く『剛能く柔を断つ』が示している。ここで「能《よ》く」とは単に可能性を述べたものであり、必ずそうなるという意味ではない。文体においても同様であろう。剛であれ柔であれ、伝えたいことは「脱力」の重要性である。

私達は、己の選択を「自らの意志で彫り込んだ凹版《おうはん》」に擬《なぞら》えがちだが、その大半は暗黙の合意による幻想、即ち「社会が他の選択を削り取ることで象られた凸版《とっぱん》」に過ぎない。このポジとネガが逆転した世界では、明るい言葉が人を暗くする。主体性を取り戻すためには、今一度その選択を見直して凹凸を入れ替える必要がある。そのために「辞める・降りる」を提案してきたわけである。

勿論、これは実際に学校や会社を辞めること、全ての競争から降りることを奨励しているわけではない。「辞めないを前提にする」のではなく、「辞めることから逆算」して現状を分析する、そのための脳内実験に対する提案である。「心に辞表を忍ばせる」ための演習である。以上のことは改めて強調しておきたい。もし、誤解されていた方は、その「幻想」から今ここで目覚めて頂きたい。

また、警句に対する「反論集」のような形にはなっているが、論争のためのバックグラウンドを与えようとするものではない。この種の問題は、行き着くところ「デリカシーの問題」であり、ある種の「美意識」に基づくものなので、到底論理一本で決着が附くものではない。即ち、分かる人には自明のものであり、分からない人には如何に議論をしたところで同意して貰えない質のものである。従って、論争はほとんど無意味な結果、悲惨な結果を招くだけの徒労《とろう》に終る——空腹の人にも満腹の人にも、「繊細な食事の味」を伝えることは不可能であると知るべし。

従って、ＳＮＳの使用なども最低限に留めた方がいい。前世紀末、インターネットは「世界に向け自らの意見を発信出来るツール」として颯爽と登場した。しかし、実際には「発信出来る」というよりも、「発信させられている」のである。ネットにおいて、情報を提供する範囲を自ら定めることは出来ない。即ち、意図せぬ場所と時代、原理上全世界に未来永劫《みらいえいごう》にまで渡って記録が残るわけである。これでは「降りること」も「消え去ること」も出来ない。静かな暮らしは不可能である。

物理学では、『エントロピー』という概念により、乱雑さの度合を表現する。個別の砂糖と水よりも、砂糖水の方が乱雑度が高い。これを称して「エントロピーが増えた」という。これは『諸行無常』という大自然の理《ことわり》を、物理学的に表したものである。人生は無常、不可逆である。誰も元には戻れない。だからこそ、出来る限り「元の状態に戻れる」ように工夫する、「戻れる場所」を意識する。エントロピーを増やさないことが鉄則である。「消去不能の書き込み」など避けるべきだ。「不退転《ふたいてん》の決意」とはあくまでも決意であって、それを形にしては縛られる。形に頼り、締切などの時間に頼っていては、必ず何処かで破綻する。これは「先延ばし」とは違う。安易さに対する戒めである。

　本書は、シミュレーションによって気持ちに余裕が出来れば視野も拡がるだろう、その拡がった視野をもって今一度周りを見直した時、景色は全く違ったものに見えるだろう、その新しい景色の下で、「あの苦しみは何だったのか」と再考して頂きたい、という提案の書である。よって、本書は「論争の勧め」でも「実践の手引書」でもない、内なる抵抗戦「メンタルレジスタンス」への案内書と理解して頂きたい。僅かでも同意して頂ける部分があれば、それで大役は果たせたと考えている。

　著者には、夢も希望も目標も無い。「見たい未来がある」だけである。唯そこに自分自身の姿は無い。**あなたは「あなたが見たい未来を創れ」、そのためにこそ「過去」を乗り越え、「今」に尽くせ。**

◆人生のリセットボタン◆

　お読み頂いて明らかなように、本書には問題の解決に向けての処方については「辞めること・降りること」以外、何も書かれていない。いや、それ以前に「著者は他に何も持っていない」といった方が、より正直であり適切であろう。従って、何事にも具体的な対策や結果を求める方には、本書は無価値かもしれない。しかし、その「常に具体的なものを求める」という気持ちの動きそのものが、幾重《いくえ》にも練り上げられた「社会的圧力」によって作られた「幻想によるもの」であることは、御理解頂けたのではないだろうか。それをもって本書の価値として頂くことが、著者の念願である。

　勿論、具体策を持たれているなら、それは大変結構なことである。

　辛い時、苦しい時には、朝一時間早く起きて乾布《かんぷ》摩擦《まさつ》をする、散歩をする。丁寧に珈琲を煎《い》れて飲む。海を見に行く、山に登る。カラオケで大声を出す、エトセトラエトセトラ。しかし、これらは皆「具体的な行動」ではあるものの、問題の解決に直結するものではない。所謂「気分転換」に属するものである。ならば、「何もしないこと」「部屋の中に籠もって如何に降りるかを考えること」を気分転換にする人がいてもいい。それはそれで、充分「具体的な行動」だといえるのではないか。

誰にとっても「希望の光」などというものは、仮にそれがあったとしても、如何にも見落としてしまいがちな「微《かす》かなもの」でしかないだろう。ならば、それを見落とさないためには「周りを暗くする」しかない。「独り静かに待つ」しかないのである。映画館に入った瞬間を思い出して欲しい。最初は何も見えなかったものが、次第に目が慣れてきて、通路も椅子も見えるようになってくる。弱い光でなければ見えない、微妙な線や色彩が見えてくる。暗闇を照らす一条の光には、燦々《さんさん》たる太陽とは異なる重要な価値がある。光と闇は、一対で初めてその存在が認識されるものなのだ。

身体を動かし声を上げて、気分爽快になる人もいれば、窓の景色を眺めながら、ぼんやりと考えることで気が晴れる、スッキリする人もいる。それは単に、陰か陽かの外見的な差でしかない。

そして、こうした様々な手立てを超えてなお、「万策尽きた」と感じた時に、「まだ一枚カードが残っている、何故こんな当たり前のことに気が附かなかったのか、辞めれば済む話じゃないか」と思って頂きたくて、ここまで書いてきた。最大の敵は「先入観」である。「もうダメだ」という先入観こそが、全てをダメにする。「最悪を避けることが最善だ」と考えれば打つ手はまだ残っていよう。この最善をもって「足《た》る」、充分だと考えれば少しは気が落ち着こう。『知足《ちそく》』はここにも活きているのだ。最終手段としての「辞める・降りる」は、何時でもどんな場合でも残されている。「人生のリセットボタン」は再起動のためにこそある、このことだけは決して忘れないで頂きたい。

陰・陽の組合せといえば、電気のことが思い出される。電気にはプラスとマイナスがある。異種の組は互いに引き合い、同種のものは反撥する。金属に、その外側からプラスの電気を近づけると、内部のマイナスの電気が表面に向けて一斉に移動する。マイナスを近づければ、その逆が起こる。この現象は『静電誘導《せいでんゆうどう》』と呼ばれている。どうも、人間の心理にも似たような側面があるようだ。

励まそうと考えて、積極的なこと、明るくなること、身体を動かすこと等々、何かプラスになることを、と勧めてみても、相手の「心の表面」にはそれに反応してマイナスのことばかりが浮かぶ。「冗談じゃない、私はそんなことはしたくない」と。それではダメだ、と現実的な対応を求めてマイナス点を列挙すれば、今度は逆にプラスのことが頭を駆け巡り強く反撥される。「冗談じゃない、私だって少しはやれる」と。力になるべく接近しても、その思惑とは「反対の心の動き」が誘導されてしまい、期待した結果が得られない。これはまさしく「人の心の誘導現象」だといえるだろう。

勿論、この珍妙な分析に想を得て、「ならば逆に……」と試みられても、そうそう上手くはいかない。何故なら、話の中身よりも「誰が話したかを重視する人」も多いからである。「私も同じことを話したのに何故」と訝っても仕方がない。これもまた人と人との関係であり、一つの運でもあろう。

こうした問題があるが故に、プラスでもマイナスでもない、毒にも薬にもならない「中性」の存在として、相手と話し合うこと、相手の話を「額面通り」に受け止めて、そこに勝手な斟酌《しんしゃく》を加えないことが大切なのではないかと考え、「役に立たない」ことを恐れない、本書のようなスタイルを取ることにした。警句や人生訓に「圧力」を感じる方には、少しは役立ったかもしれない。そんな「幻想」を抱きながら、微かな「希望の光」を求めて、著者もまた小さな部屋の中に戻らせて頂こう。

おわりに

本書は、苦悶《くもん》する人のためのものであり、順風満帆の人のためのものではない。悲観的な人のためのものであり、楽観的な人のためのものではない。もし「人生を謳歌《おうか》する」ことが、「人生の意味を知る」ことならば、前者は後者に劣るものではない。読了後の方には自明であろう、それはそれで充分に「明朗快活《めいろうかいかつ》な生き方」なのである。たとえ物の形をした幸福とは縁遠くても、他者との比較という際限の無い世界から抜け出しさえすれば、自らの人生を素直に味わうことが出来るのである。

『人生意気に感ず』とは、人や物に対する「素直な驚き」に従って生きよ、という教えである。その「心の動き」を感動という――そこに「比較」という論理はない。感動こそ「意思というエンジン」に必要なエネルギーである。意思という無形のものを育て、持続させていくためには、何かに驚き、楽しむという「心の動き」が常に必要なのである。感動あってこそ人生は動く。逆に動いた時を振り返れば、そこには必ず「何らかの感動があった」はずである。如何に不運続きの人生であっても、そこには捨てるに惜しい「何か」が隠れている。「一杯の御茶が旨い」という小さな感動が、以後の人生の全てを変えるかもしれない。それが探していた「何か」なのかもしれないのである。

俗に「感激屋」、「激情家」とも呼ばれる感情の起伏の激しい人達がいる。彼等はしばしば「雷に打たれたように、感動が全身を貫いた」と自らの心の動きを表現する。なるほど、彼等は「感動に対する良導体」なのであろう。その一方で、楽しむことを知らず、何事にも無感動な人は「絶縁体」なのかもしれない。確かに絶縁体なら、エネルギーの供給もままならず、意思の持続も難しかろう。

しかし、この世に完全な絶縁体は存在しない。まさに雷が大気の絶縁を破って飛来するように、無感動もまた強い刺激によって破られる。単に「見るべき方向」が間違っていたという場合もある。

二十世紀、人類は絶縁体と導体の性質を共に持ち、それを意図的に操れる特殊な素材を発明した。「半導体」である。自他共に絶縁体だと思われている人の中にも、実は「感動の半導体」ともいうべき人が多くいるのではないかというのが著者の見立てである。それこそが異能者ではないか、というのが本書の主張である。電気の流れを制御し、信号を増幅する機能を持った半導体は、この世界を一変させた――「中途半端な導体の意」ではないのである。同じく異能者もまた、閉塞した社会状況を一変させる可能性を有している。全ての教育者は、先ずこのことを知る必要がある。

本書で扱った問題は、小さなものでしかない。しかし、それは小さいが故に充分に認知もされず、長く放置されてきた。腸《はらわた》を突き破る刃《やいば》だけが生命に関わるのではない。喉《のど》に絡み付く小骨でさえ、人の生気《せいき》を奪うに充分である。残念ながら、この種の問題は「小は大を兼ねる」のである。本書は、その小骨を抜くことを目標とした。『藁《わら》にも縋りたい人』のための、藁にならんと欲したものである。

著作を「本当に届けたい人」に届けることは至難である。「本当に必要とする人」の助力となることはなお至難である。その難事は、結局のところ、広く読者を得ることでしか為し得ないだろう。果たして、本書にその力があるか否か。しかし、この種の著作が今、この現代に必要不可欠であることだけは信じて疑わない。後に続く人が、より効果的な提案をして頂けることを願って筆を置く。

平成二十九年九月二十七日　与野のホテルにて　著者

著者紹介

吉田　武（よしだ　たけし）
京都大学工学博士（数理工学専攻）
数学・物理学を軸に、人類文化の全体的把握を目指して、著述活動を行っている。
『虚数の情緒』『新装版オイラーの贈物』『素数夜曲』『はじめまして数学リメイク』『はじめまして物理』など著作多数。
現在、科学啓蒙の「バリアフリー化」を最終的な目標に据え、音、朗読、点字など複数のメディアを含む統合的な著作『知恵の眼鏡』、及びそれに関連する講演の形を模索している。

カバーデザイン：吉田　武

処世《しょせい》の別解《べっかい》
—比較《ひかく》を拒《こば》み「自己新《じこしん》」を目指《めざ》せ—

2017年10月20日　第1版第1刷発行

著　者　吉田　武
発行者　橋本敏明
発行所　東海大学出版部
〒259-1292　神奈川県平塚市北金目4-1-1
TEL 0463-58-7811　FAX 0463-58-7833
URL http://www.press.tokai.ac.jp/
振替　00100-5-46614
印刷所　港北出版印刷株式会社
製本所　誠製本株式会社

ISBN978-4-486-02163-6